100

100% leven

Yvonne Witter

100% leven

levenslessen van honderdplussers

uitgeverij
SWP

100% leven
Levenslessen van honderdplussers
Yvonne Witter

ISBN 978 90 8850 857 8
NUR 748

Vergrijzing met verbeeldingskracht

We worden steeds ouder. Dat is voor veel mensen een enorme luxe. We krijgen er zo maar een extra levensfase bij. We moeten de vergrijzing dan ook niet langer zien als een probleem dat we moeten oplossen, het biedt ook veel mogelijkheden en ontwikkelkansen.

Yvonne Witter laat in dit boek de experts van het ouder worden aan het woord. Ze beschrijft de moeilijk kanten van ouder worden, zoals een haperend lichaam en eenzaamheid, maar ook de rijkdom die een lang leven kan bieden. Ontwerpers kunnen aan dit vraagstuk met hun verbeeldingskracht een bijdrage leveren om onze gebouwde omgeving beter toe te rusten voor deze demografische veranderingen. Onze naoorlogse wijken zijn immers ingericht op de standaard gezinnen en de wijken vragen derhalve om ruimtelijke ingrepen.
Dit was voor mij een reden om in 2016 een ontwerpprijsvraag te starten voor nieuwe innovatieve vormen van wonen, ondersteuning en zorg nu gevolgd door een Community of Practice Who Cares waarin wij 2 jaar lang de vernieuwing op genoemde terreinen stimuleren.

De verhalen die door Yvonne in deze bundel zijn bijeen gebracht zijn daarvoor inspirerend en verdienen een ruime verspreiding.
Ik heb deze met plezier gelezen.

Floris Alkemade, Rijksbouwmeester

Geluksvogels

Ooit gebeurde het. Ineens was je er en zo ben je ook ineens weer weg. Daartussen liggen je levensdagen. Een pasgeboren baby kan erop rekenen nog circa 82 jaren door het leven te gaan. Dat is nog lang geen honderd. Eeuwelingen, de baby's van heel vroeger, zijn zo gezien geluksvogels. De mate van geluk kun je zelfs in dagen uitdrukken. Baby's die nu worden geboren hebben gemiddeld nog 30.000 (29.930) dagen vóór zich om allerlei dingen mee te maken. Eeuwelingen hebben daarvoor veel meer tijd gehad. Hen zijn extra dagen gegund om levenservaring op te doen. Reken maar mee: minstens 100 keer 365 dagen, ofwel 36.500 dagen, om het leven te verkennen.

Het is waar, we kunnen die dagen niet leven zonder te dromen. De tijd die we bewust doorbrengen is daardoor iets minder. We houden ongeveer eenderde deel van onze levensdagen onze ogen dicht. De tijd die overblijft gebruiken we om lief en leed te delen, aandacht te geven of te krijgen, op te groeien en terug te groeien. Dat zijn waarschijnlijk de dingen die de essentie vormen van onze levens. We noemen dat levenservaring opdoen. In de interviews met de eeuwelingen lees ik over de ervaringen die zij in al hun dagen hebben opgedaan. Het zijn als het ware samenvattingen van de essentie die ze achteraf gezien in hun persoonlijk leven hebben ervaren. Het is imponerend omdat de essentie vaak eenvoudig, helder en direct lijkt: het leven is niet altijd gemakkelijk, maar maak er wat van, doe niet te moeilijk.

Zo zegt een mevrouw met honderd jaar levenservaring: *'Er is een hoop dat ik vergeten wil. En ja, dat lukt. Het moet wel. Waarom zou je oude koeien uit de sloot halen?'*

En een 102-jarige: *'Wat ik als eerste zou redden als er brand was? Nou, mezelf natuurlijk! Ik ben verpleegkundige geweest, dat merkt u wel.'*

Of: *'Wees goed voor andere mensen. En als je teleurstellingen meemaakt. Stop die in een zakdoek en gooi ze weg.'*

Het zijn niet de grote filosofische existentiële vragen over de zin van het leven die de eeuwelingen met ons delen, maar praktische handleidingen. Dat dwingt mensen die nog midden in het leven staan tot nadenken en relativeren. Hoe belangrijk zijn de dingen waar je je in je dagelijks leven druk om maakt (carrière, concurrentie, competitie, vakanties, nieuwe auto, zekerheid ...). Bijna niemand van de eeuwelingen legt de nadruk op competitie of materiële zaken, het gaat vooral om 'zachte waarden' in het leven, zoals aandacht, verbondenheid, tevredenheid, evenwichtige balans ...
In de toekomst zullen meer mensen hun honderdste verjaardag kunnen vieren en meer dan 36.500 dagen levenservaring opdoen. Zullen ze achteraf tot andere conclusies komen dan de eeuwelingen in navolgende interviews? Wie zal het zeggen, maar los daarvan, laten we het leven maar liever tellen in dagen. Dan telt de levenservaring in elk geval 36.500 keer langer dan die van een eendagsvlieg.

Jan Latten, hoogleraar sociale demografie aan de Universiteit van Amsterdam, CBS-ambassadeur

Aantal honderdplussers in 2018

- Begin dit jaar woonden er circa 2200 honderdplussers in Nederland.
- Ruim tweemaal zoveel als twintig jaar geleden. Naar verwachting blijft hun aantal fors toenemen.
- Rond 2030 zal het aantal weer verdubbeld zijn. Daarbij zullen de dames hun voorsprong op de heren houden.
- Rond 2030 is er op de vijf honderdplussers één man.
- Het zwakke geslacht blijkt sterker dan gedacht.

Inwoners van 100 jaar of ouder

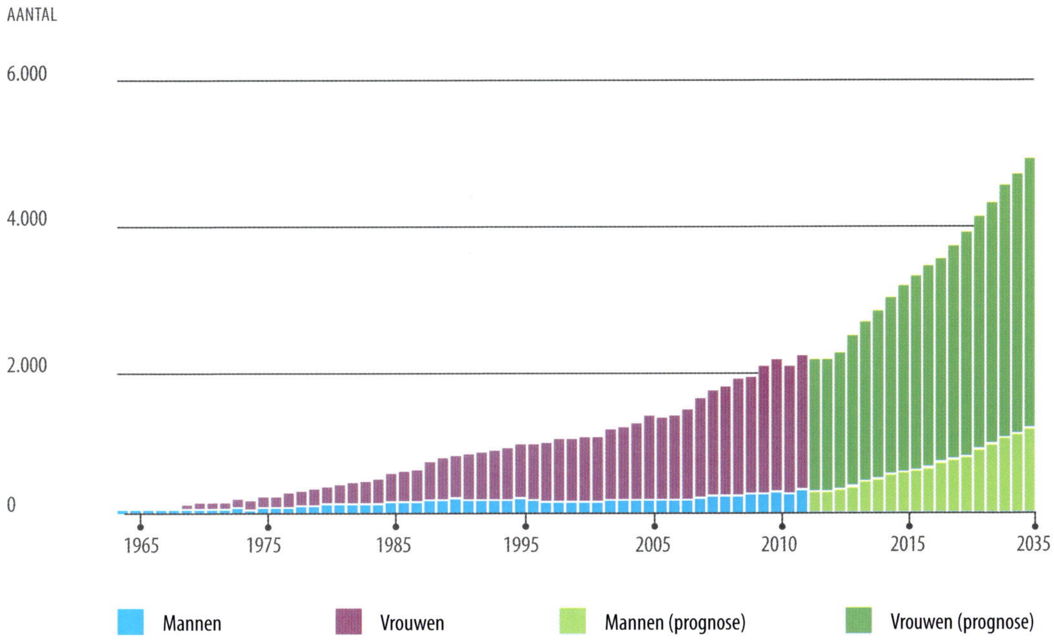

(Bron: https://www.cbs.nl/nl-nl/nieuws/2017/20/aantal-100-plussers-verdubbeld-in-20-jaar)

Inhoud

1 Niet klagen, bezig zijn en drie radijsjes per dag eten

Het geheim van honderd jaar oud worden? Volgens de heer Ton Berlee (100 jaar) is dat niet klagen, bezig zijn en drie radijsjes per dag eten.

Cowboy worden

'Ik ben nergens bang voor. Ik blijf altijd heel kalm. Ik ben geboren in Nederlands-Indië. Mijn vader werkte bij het KNIL, het Koninklijk Nederlands Indisch Leger. Ik wilde vroeger cowboy worden en dokter, maar belandde als militair in Nederlands-Indië. Op mijn veertiende ben ik na een verlof in Nederland gebleven en ben ik op kostschool geweest in Medemblik. Ik heb de ambachtsschool gedaan en daarna ben ik gaan werken in een garage. Maar dat vond ik echt niks. Dus meldde ik me aan voor het KNIL en in 1936 ging ik terug naar Nederlands-Indië. Later werd ik sergeant in Batavia.'

Krijgsgevangene in Birma

'In 1942 ben ik gevangen genomen en met een schip met 1700 andere krijgsgevangen naar Rangoon (Birma) gebracht. Ik heb mee moeten helpen bij het aanleggen van de Birma-spoorlijn onder zeer zware omstandigheden. Ik maakte daar wrede, onmenselijke gebeurtenissen mee. Op een gegeven moment word je er apathisch van. Dan zie je weer iemand aan een boom hangen – omdat hij zich heeft opgehangen – of van een rots springen. Daarna ben ik in het najaar van 1943 overgebracht naar Saigon waar ik gevangene was tot de Japanse capitulatie op 15 augustus 1945. We hebben veel honger geleden; we aten sprinkhanen en leguanen.

In een hinderlaag

'Na de oorlog, terug in Indië, heb ik gewerkt bij de Fotografische Dienst, want fotograferen deed ik graag en goed. Ik heb in de Bersiap-periode ook hele nare dingen moeten meemaken. Ik ben toen twee keer bijna in een hinderlaag gelopen. Maar ben heel kalm gebleven, ook al vlogen de kogels me om de oren. Afleiding zoeken. Bezig zijn. Dat heeft me altijd goed geholpen om het te verwerken. Ik denk er nog steeds veel aan terug. Daar heb ik nu de tijd voor. Dan denk ik: goh, hoe heeft dat allemaal kunnen gebeuren. Ik heb het gered omdat ik voor niks bang ben. Dat heb ik altijd al gehad. Als kind al.'

Koninklijke Landmacht

'In 1950 ben ik naar Nederland teruggekeerd. Het KNIL werd opgeheven. Ik kon toen naar de Koninklijke Landmacht en kwam eerst in Assen en later in Steenwijk terecht. Daar heb ik met plezier gewerkt in de kazerne; ik was verantwoordelijk voor de inventaris. Ik deed altijd erg veel buiten het werk om en kreeg later de functie van kazerneadjudant.'

Mijn vrouw leren kennen

'Ik heb mijn vrouw in Indië leren kennen. Mijn zoon is er geboren; mijn dochter is geboren toen we in Nederland waren. En ik heb twee kleinkinderen. Ik ben apetrots op mijn kinderen en hun partners en mijn kleinkinderen. Mijn vrouw is een paar jaar geleden overleden. Ik woon nu met plezier in serviceflat Schouwenhoven in Leiden. Ik maak dagelijks cryptogrammen. Mijn schoonzoon drukt ze groot af zodat ik ze beter kan lezen. Weet je wat een van de mooiste zinnen was in de cryptogrammen? Daar komt ie: wat is een begrafenisondernemer op vakantie? Nou? Uitzonderlijk! Uit-zonder-lijk! Dat is briljant, toch? Zo zijn er nog wel meer. Even denken. Eh, nou, die schieten me zo wel weer te binnen. Uitzonderlijk. Dat is toch een geweldige vondst!'

Niet klagen

'Ik ben nergens bang voor. Dat is mijn levensmotto en ik kan iedereen dat motto aanraden. Maar ook: niet klagen, bezig zijn en drie radijsjes per dag eten. Moet je maar eens op de computer kijken wat er allemaal in die radijsjes zit. Van alles. Het is erg gezond. Ik ben tevreden en heb na de oorlog een prachtig leven gehad. Ik zou het zo weer doen.'

Gewoon doorzetten als het moeilijk is

Gewoon doorzetten als het moeilijk is. Dat is het motto van mevrouw Verhoef die inmiddels 104 jaar oud is.

'U komt toch via dat onderzoek van de Vrije Universiteit? Daar heb ik ruim achttien jaar gewerkt, op personeelszaken. Ik heb het fantastisch naar mijn zin gehad op de VU. Ik heb daar gewerkt tot aan mijn pensioen. Toen moest ik weg, maar ik was het liefste blijven werken. Ik heb nog steeds contact met een docente Engels.

Toen de VU werd gebouwd, moesten heel wat boerderijen weg. Ook die van ons. Dit vanwege de wijk Buitenveldert en de VU. De polder is met zand opgespoten, te beginnen bij 't Kalfje. Het VU-terrein is opgehoogd met zand dat aangevoerd werd met vrachtwagens. De bouw daarvan kon daardoor al in 1955 beginnen. Wij zijn in oktober 1957 naar de Postjeskade verhuisd. Ik woonde met mijn man heerlijk op de boerderij. Negentien jaar lang.

Gewoon doorzetten

'Daarna zijn we verhuisd. We moesten wel. Na mijn trouwen moest ik stoppen met werken, maar na een tijd ben ik weer aan de slag gegaan. Op een accountantskantoor op het Weesperplein, maar daarna weer op de VU. Mijn man was boer, maar toen de boerderij verdween stopte zijn werk. Hij heeft geen ander werk kunnen vinden. Wat moet een boer beginnen? Hij is altijd boer gebleven, maar kon er niets meer mee. Zelfs in ons huis op de Postjeskade hield hij zijn klompen aan. Totdat de buren begonnen te mopperen. Mijn man is 76 jaar geworden.

Razzia tijdens de oorlog

'Die boerderij heeft ons goed geholpen in de oorlog. We hadden namelijk alles. Kippen, koeien, varkens. We maakten zelf boter en kaas. En we ruilden veel. Ze kwamen van ver om melk bij ons te halen. We gaven wat we hadden. En dan kregen wij textiel of iets anders ervoor terug. Toch ben ik ook bang geweest gedurende de oorlog. Zo kwamen zes Duisters tijdens de razzia binnen. Mijn neef uit Arnhem was er en nog een man. Zij zijn snel onder het luik in het washok gekropen. Mijn man heeft hen aan de praat gehouden. We hadden veel koper in de hooischuur. Mijn man heeft hen met boter en kaas de deur uit gewerkt.

Schoondochter doet de was

'Ik ben een echte Amsterdamse. Ik ben nu 104 jaar oud. Ik heb een zoon, twee kleinkinderen en vier achterkleinkinderen. Ik heb ook een tweeling gekregen, maar beide kindjes hebben maar drie weken geleefd. Ze lagen in het Emmakinderziekenhuis. Ik ben er toen maar één keer geweest. Toen ik daar kwam, lagen er een heleboel te vroeg geboren baby's. De dokter wees hen aan: 'Die twee zijn het.' 'Niet levensvatbaar', werd er tegen me gezegd. Ze heetten Simon en Margje. Ik denk er nog wel regelmatig aan. Maar het scherpe is er natuurlijk wel vanaf. Mijn zoon Kees komt iedere week langs. Dan eet hij mee. En mijn ex-schoondochter doet de was. Dat is erg fijn. Ze helpen me goed. Door mijn (achter)kleinkinderen, zoon en ex-schoondochter vind ik het leuk om zo oud te worden. 'Ik ging altijd op de fiets naar mijn werk. Door weer en wind. Al sneeuwde het. Ik ging gewoon fietsen. Ik heb tot mijn 88ste gefietst. Vroeger kwam zelfs de dokter op de fiets langs!'

Vervelend mannetje die Trump

'Wat ik tegen de jongeren zou willen zeggen? Doe wat! Gewoon doorzetten als het moeilijk is. En ga niet roken en drinken. Of ik vooruitgang heb gezien in de afgelopen honderd jaar? Nou, eigenlijk niet. Alles zakt af. Ik vind Trump een heel vervelende vent. Maar ik lees geen krant meer. Wel kijk ik televisie. Tot laat. Ik ga erg laat naar bed. Ik vond het reuze gezellig dat je er was! Zie ik je nog eens?'

NAVIGAZIONE

Met een stok ben je een heer

De heer Baas uit Schalkwijk (101 jaar) is nog steeds actief. Vlees braden gaat niet meer zo goed, maar hij woont nog steeds zelfstandig naast het huis van zijn zoon.

'Mijn vader was schoenmaker – net als zijn vader – en had een knecht nodig toen ik dertien jaar oud was. Zo ben ik schoenmaker geworden. Op mijn 18de kreeg ik belangstelling voor vrouwen dus ben ik daarnaast post gaan bezorgen. Als ambtenaar verdiende je namelijk meer en had je meer aanzien. Ik heb mijn vrouw leren kennen via de verkennerij.

'We gingen een tocht maken in de kano van de verkennerij en daar kregen we verkering. Mijn schoonvader was kassier bij de Boerenleenbank. Ik kon hem opvolgen daar. Eerst voor drie ochtenden per week. Ik kon deze baan blijven combineren met de post. Al gauw groeide de bank. Ik heb vele medewerkers aangenomen. Twee zijn er nog op mijn honderdste verjaardag geweest! Uiteindelijk ben ik volledig bij de bank gaan werken, als directeur. Dat heb ik tot aan mijn pensionering gedaan.'

Minder zicht

'Ik ben lang leider geweest bij de verkennerij en ik was 33 jaar actief bij deze club. Ik heb hier in het dorp de voetbalvereniging mede opgericht en gezorgd dat er een zwembad kwam. Dat soort dingen doe je gewoon. Dat deden mijn ouders ook. Ik ben tot mijn 84ste jaar actief gebleven. Toen mijn gezichtsvermogen minder werd, ben ik gesproken boeken gaan gebruiken. Voor lezen had ik eerder nooit tijd. En dat is toch een ontdekking geweest voor mij! Ik ben door dat lezen gaan nadenken over dingen. Ik heb gelezen over het universum, over Darwin, over de evolutie.'

Het leven staat vast

'Ik ben ervan overtuigd dat ons leven vanaf het begin al "bekend" is. Je kunt het alleen niet pakken. Je moet het gewoon doen. Ik voer als het ware mijn programma uit dat al vaststond. Zo kijk ik ertegenaan. Het leven is een onbegrijpelijk geheel. Het doel van het leven is om goed te zorgen voor elkaar. Laten we ervoor zorgen dat we vrede hebben. Natuurlijk bots je wel eens met iemand, maar los het op. Heb mededogen. Accepteer mensen zoals ze zijn. Je kunt ze toch niet veranderen. Dat inzicht zou ik de jongeren graag willen meegeven.'

Minder oorlog

'De grootste vooruitgang die ik de afgelopen eeuw gezien heb, is dat er minder oorlog is. We accepteren elkaar meer. Maar er valt nog een hoop te leren. Ik zelf heb veel van mijn vader, die overigens 91 is geworden, geleerd. Hij zei altijd: "De hemel? Daar is nog nooit iemand van teruggekomen." En hij zei ook altijd: "Het vlees is beter dan het been." Dat ruime denken heb ik van hem overgenomen. Op zondag ga ik naar de Werkhofgemeenschap in Werkhoven. Dat is een oecumenische geloofsgemeenschap. We komen met zo'n zestig personen bij elkaar. Ik voel me daar thuis omdat de gemeenschap daar ook ruim en vrij denkt.'

Seksuele voorlichting

'Wat ik vroeger gemist heb, is seksuele voorlichting. Mijn vrouw was een paar maanden na onze bruiloft ineens zwanger en we wisten van niets. De zwangerschap overkwam ons. Na vijf kinderen vonden we het wel genoeg, maar we mochten van de kerk natuurlijk geen pil gebruiken. We hebben van alles geprobeerd, zoals periodieke onthouding. Maar er kwamen toch nog twee kinderen. Ik heb drie dochters en vier zoons. Zij hebben allemaal een goede baan en zijn maatschappelijk betrokken. Ik heb een goede band met al mijn kinderen. Ieder jaar vieren we "bazendag".'

Pluk de dag! Ook als je 102 bent

Mevrouw Dijkman woont nog steeds zelfstandig thuis. Haar motto in het leven? Pluk de dag, het kan zomaar opeens voorbij zijn!

'Ik wilde ouder worden dan mijn vader. Dat is gelukt,' lacht de 102-jarige mevrouw Dijkman. Haar vader is 'maar' 97 geworden. Op 2 april viert ze haar 103e verjaardag. 'Zonder slingers, want daar houden we niet van. We doen alles gewoon.' Ze heeft drie zussen en vijf broers gehad. 'Ik was de middelste. Maar inmiddels de oudste. En de enige.'

Zelfstandig thuis

Mevrouw Dijkman woont samen met zoon Piet in Osdorp, in Amsterdam. Dankzij de hulp van Piet kan ze thuis blijven wonen. Hij kookt, doet het huishouden en regelt alles. Het huis is enigszins aangepast. Zo is er een traplift in huis. Met de rollator beweegt ze zich binnenshuis. Buiten gebruikt ze de rolstoel. Met Piet onderneemt ze veel. 'Ik blijf niet thuis als ik weg kan.'

Huisvrouw

Ze heeft naaischool gedaan en daar leerde ze ook borduren. Het hele huis hangt vol met prachtig borduurwerk. Ze heeft tien jaar in een café gewerkt op de Nieuwerdammerdijk bij het bootje naar het Centraal Station. Daar heeft ze ook haar man leren kennen. 'Hij kwam altijd biljarten. Zo is het gekomen.' Hij was smid, net als haar vader. Na het huwelijk stopte ze met werken. En zorgde ze voor de kinderen. Ze heeft drie dochters en vier zonen. En geen kleinkinderen. 'Ik heb drie kinderen verloren: een dochtertje van tien maanden en twee zoons. De ene zoon is op 37-jarige aan kanker overleden, de andere zoon overleed op zijn 68ste aan een hersenbloeding. Dat is erg verdrietig. Toch moet je verder. Je kunt wel de hele dag blijven huilen, maar dat lost toch niks op. Je moet flink blijven voor de rest van het gezin. Het leven gaat door. Zo gaat het nu eenmaal.'

Een pakje per dag roken

'Ik heb gerookt tot en met. Een pakje per dag! Van mijn 12de tot mijn 88ste. Op mijn 12de ben ik met een vriendinnetje stiekem in een schuurtje gaan roken. We vonden het heerlijk. Je denkt dat je heel wat bent, hè, als je twaalf bent. In die tijd stonden overal sigaretten op tafel. Toen was je gek als je niet rookte. Op mijn 88ste ben ik gestopt. Ik was namelijk een paar dagen niet zo lekker en had geen zin meer in een sigaret. Zo ben ik ervanaf gekomen. Ik mis het totaal niet. Ik ben nooit bezig geweest met gezond blijven. Ik eet alles, doe niet aan diëten. Ik heb nooit gesport. Dat is niets voor mij.'

Klaverjassen

Ze gaat met haar zoon en dochters ieder jaar op vakantie in Nederland. Naar een Landal-huisje want die zijn schoon. En nog belangrijker: de bedden zijn goed! 'Ik heb ontdekt dat ik musea leuk vind. Op mijn ouwe dag word ik nog cultureel! Onlangs is mijn beste vriendin overleden. Dat vind ik wel heel erg, ze was een hele leuke vrouw. Dan gingen we samen even een rummikuppie doen.' Ze speelt graag spelletjes en klaverjast nog wekelijks in een club.

Pluk de dag

'Het geloof is erg belangrijk voor me, maar ik vul het wel op mijn eigen manier in. Ik ben katholiek en kijk iedere zondag naar de mis. Mijn moeder wilde altijd naar Kevelaer, een bedevaartplek in Duitsland. Daar was geen geld voor. Ik ben een tijdje terug daar wel naartoe gegaan. Als eerbetoon aan mijn moeder. Ik heb het goedgemaakt voor haar. Het komt zoals het komt. Ik heb genoeg feestjes gehad, veel gelachen. Alles gaat voorbij. Als het je tijd is word je gehaald, of je nu jong bent of oud. Pluk de dag, is mijn motto.'

5

Ik kom tijd tekort!

De heer Harrie van Oudheusden is met zijn 101 jaar de oudste en de langst dienende krantencorrespondent van Nederland. En misschien wel van de wereld! Tot op de dag van vandaag maakt hij voor het weekblad De Maasroute de agenda.

'Het is niet om aan te zien, die stapel.' Hij wijst naar een grote stapel vol knipsels. 'Ze sturen me van alles toe en dan kijk ik wat geschikt is voor de agenda.' Maar ik verzamel zelf ook informatie, zoals activiteiten die in dit huis plaatsvinden. 'Wil jij geen bezorger worden?', vraagt hij lachend. 'Daar is een groot tekort aan.' Hij gebruikt een ouderwetse typemachine om de agenda te maken. Zijn zoon Jan stuurt de stukjes door.

Correspondent

Van Oudheusden is niet altijd in de journalistiek werkzaam geweest. 'Net als mijn vader heb ik gewerkt in een schoenenfabriek, Pulles-Van Gerwen. Ik ben daar adjunct-directeur geworden. Totdat de fabriek overgenomen werd. Ik kon daarna al snel aan de slag als chef de bureau bij het Nieuwsblad van het Zuiden.' Daarnaast werd hij correspondent voor Waalwijk voor het Brabants Dagblad. Van Oudheusden is nooit gestopt met schrijven. Zo schreef hij samen met zoon Jan het boek Van Grotestraat tot Vredesplein; een honderdjarige Waalwijker blikt terug.

Tweede Wereldoorlog

Tijdens de oorlog vroeg de pastoor hem of hij bonnen wilde rondbrengen bij gezinnen die onderduikers in huis hadden. 'Samen met mijn vrouw heb ik bonnen rondgebracht. Ik verstopte de bonnen in mijn sokken. Dat leek me een goed plekje. Mijn ouders wisten er niets van. Het was een spannende tijd. Ik ben blij dat ik dat heb kunnen doen voor de mensen.' Hij kreeg een oproep om op 17 mei 1940 gekeurd te worden, maar de oorlog was op 15 mei afgelopen. Eerder hoefde hij niet in dienst omdat twee broers al in dienst actief waren.

Familie

Twee broers en een zus stierven jong; twee zussen zijn de 90 jaar gepasseerd, net als zijn vader die 92 werd. Zijn moeder overleed op haar 70ste. Hij pakt wat fotoboeken, zoals het Harrie Honderd Familieboek. 'Mijn vrouw en ik hebben vier dochters en een zoon gekregen. We hebben zeventien achterkleinkinderen. Kijk, daar staan ze allemaal. Dit is mijn vrouw.' Hij vertelt trots dat ze prachtig piano kon spelen. Ze gaf ook pianoles aan kinderen in Drunen. Ze is 90 jaar geworden. 'Ik ben blij dat ze geen lijdensweg heeft hoeven af te leggen. Dan leg je je makkelijker bij zo'n groot verlies neer.'

Drunense Duinen

Ze woonden toen al in dit zorgcentrum. Daar is hij erg blij mee. 'Ik zit hier in de cliëntenraad. En ik speel hier biljart. Op maandag speel ik competitie en woensdag is het vrij biljarten. Ik kom echt tijd tekort.' Want natuurlijk heeft hij ook nog zijn werk voor De Maasroute. 'Ik krijg er geen cent voor hoor. Het is een soort bezigheidstherapie.' Toch zijn al zijn werkzaamheden niet onopgemerkt gebleven: in 1991 ontving hij een koninklijke onderscheiding en werd hij lid van de Orde van Oranje-Nassau. 'Ik blijf het doen zolang mijn gezondheid het toelaat. Ik ben weinig ziek geweest. Met roken ben ik lang geleden gestopt. Ik krijg wel veel pillen. Geen idee waar die allemaal voor dienen', grapt Van Oudheusden. Misschien komt het door het vele fietsen. 'Ik heb tot mijn 98ste gefietst. Het bekende rondje: Waalwijk, Drunen, de Drunense Duinen en weer terug. Wat? Je bent nooit naar de Drunense Duinen geweest? Dat kan niet!'

Nieuwe oren en ogen gevraagd

Nieuwe oren en ogen. Dat wil ik aan Sinterklaas vragen', zegt mevrouw Huyskens, die de honderd al ruim gepasseerd is. Ze is 103 jaar oud om precies te zijn. 'Want eindelijk heb ik de tijd om te lezen, maar nu lukt het lezen slecht.' Ze is altijd druk geweest op de boerderij, vertelt dochter Rikie.

Hooi binnen halen, dorsen, brood bakken, aardappelen rooien. 'En alles met de hand, hè.' Haar dochters laten foto's zien van het boerenleven. 'Kijk, hier heb je een foto van Jan, Jans en de kinderen. Want vader heette Jan, moeder heet Jans en hier heb je ons, de vier kinderen', vertelt dochter Jeanne. Ze laat foto's zien van het wasgoed dat op de bleek te drogen werd gelegd. 'Want daar werd het witter van.'

Brand

Maar ook foto's van de brand in de toren in Oirschot. 'De Engelsen hadden de toren in brand gestoken omdat ze dachten dat er nog Duitsers aan kwamen.' De Duitsers hebben de boerderij ook bezet. 'We moesten toen naar Boxtel. Met paard en wagen. We waren onderweg bang dat de Duitsers ons paard zouden afpakken.' Uiteindelijk konden ze na een tijd terug naar de boerderij. 'Alle kippen waren geslacht.' De fiets was er wel nog: die had haar man onder de grond verstopt. In een kist met lood zaten nog meer kostbare spullen, allemaal in de grond verstopt. Mevrouw Huyskens is tot haar 75ste actief geweest op de boerderij. Er was geen opvolger voor de boerderij. 'Ons pap was duivenmelker en is elders gaan werken.' Haar man is 28 jaar geleden overleden. 'We hebben zestien jaar verkering gehad. Dat is een lange tijd, maar dat kwam omdat de oorlog tussendoor kwam. Toen konden we niet trouwen.'

Versjes

Mevrouw Huyskens kent diverse versjes uit haar hoofd en draagt dit versje voor:

Gijsje wou zijn melk niet drinken
Gijsje was een beetje klein
Gijsje moest aan tafel blijven
Tot zijn beker leeg zou zijn
Gijsje wou niet, Gijsje zou niet
Zei dat hij niet drinken kon
Maar hij hoorde zusje roepen
Buiten in de warme zon
Vijf minuten, tien minuten
Toen nam Gijsje een besluit
En dronk als een grote jongen
een, twee, drie zijn beker uit

Blikseminslag

Zondag was de enige dag vroeger dat ze echt vrij was. Dan kon ze kranten lezen, twee keer naar de kerk gaan. Vaak kwam er familie op bezoek. Er was geen televisie, dus werd er veel gepraat. 'Die televisie kwam er wel want pa wilde de Tour de France zien', zegt mevrouw Huyskens. 'Eén keer sloeg de bliksem in', vertelt dochter Rikie. 'Er kwam een steekvlam uit het stopcontact bij de televisie. Dat was flink schrikken. 'Televisie kijken doet mevrouw Huyskens nog altijd graag. 'Ik kijk naar The Bold And The Beautiful. En nu natuurlijk naar de Olympische Spelen.'

Haar eigen bankje

Ze heeft een eigen bankje in Oirschot. De gemeente schenkt iedere honderdjarige een eigen bankje. Ze gaat er wel eens naartoe, maar is blij dat anderen er ook gebruik van kunnen maken. Tot haar 97ste kon ze er zelfs naartoe fietsen. Dat lukt nu niet meer. Mevrouw Huyskens woont sinds vier jaar in St. Joris, een mooi zorgcentrum van Joris Zorg te Oirschot. 'Je moet toch ergens zitten.' Maar ze heeft het heel goed naar haar zin. 'Kienen, daar doe ik niet aan mee, dat vind ik niks. Want dan kan ik niet praten.' Praten doet ze graag. Maar ook kaarten sturen: ze schrijft zelf alle verjaardagskaarten. En dat is een enorme klus, want ze heeft een grote familie: vier kinderen, vijf kleinkinderen en negen achterkleinkinderen, plus de nodige neven en nichten. Dat zijn heel wat verjaardagskaarten!

7

Mijn hoofd wil meer dan mijn lijf kan

Mevrouw De Jong-Van Netten is maar liefst 106 jaar en binnenkort wordt ze 107! 'Mijn hoofd wil meer dan mijn lijf aankan', zegt ze zelf.

'De burgemeester van Sliedrecht is al voor de zesde keer bij me langsgekomen. Sinds mijn honderdste verjaardag komt hij ieder jaar. In mei word ik 107! Mijn kracht gaat wel achteruit. Ik gym al jaren in bed, als ik op de verzorgenden wacht. Zowel 's ochtends als 's avonds doe ik gymnastiekoefeningen. Al jaren. Het is een gewoonte geworden. En zo blijf ik me lenig voelen. Ik heb altijd graag gedanst. Mijn man kon niet goed dansen, dus danste ik vaak met mijn broer. Ik heb gedanst tot ver in de negentig!

'Mijn man heeft altijd als kok gewerkt in de psychiatrische inrichting Maasoord, dat heet nu het Delta Ziekenhuis, in Poortugaal. We woonden in een dienstwoning, dus we zaten midden tussen de patiënten en medewerkers. In het begin had ik heimwee naar Rotterdam waar ik opgegroeid ben. Ik ging iedere zaterdag naar Rotterdam om mijn moeder en andere familieleden te bezoeken. Toen mijn man overleed, ben ik begonnen met het bijhouden van een dagboekje. In mijn agenda schreef ik dan wat ik die dag gedaan had, wat voor weer het was. Dat heb ik 31 jaar gedaan. Nu doe ik dat niet meer. De agenda's liggen bij mijn dochter.'

Pleegzoon

'Ik ben 29 jaar geleden van Rotterdam naar Sliedrecht verhuisd omdat mijn dochter daar woont. Zij komt me drie keer per week opzoeken. En zij verzorgt de was. Ik heb nog een zoon en een pleegzoon. We hebben altijd pleegkinderen in huis gehad. Soms voor een langere periode, soms voor korte tijd. Mijn pleegzoon is niet meer weggegaan. Hij wilde blijven. Via het werk van mijn man kwamen er verzoeken voor opvang. Zo zijn we erin gerold. Ik vond dat je dat gewoon moest doen, als plicht. Ik keek wel goed of de kinderen bij onze eigen kinderen pasten. We hebben ook regelmatig politiemensen in huis gehad. Zij liepen stage op het politiebureau van Poortugaal.'

Zelfstandig

'Mijn man was kok op zee, maar toen de oorlog kwam, voeren de boten niet meer. Toen is hij gaan werken in het ziekenhuis. Mijn man was vroeger mijn buurjongen. Zo heb ik hem leren kennen. Hij schreef in zijn vrije tijd kinderboeken. Dat deed hij zo graag dat hij zelfs taalles is gaan nemen. Dat kostte tijd en geld, maar dat had hij er graag voor over. Dan gingen we maar niet naar de bioscoop. Ik heb alleen lagere school gehad en ben als dienstmeisje gaan werken totdat ik trouwde. Van mijn moeder heb ik leren koken en heb haar altijd geholpen in de huishouding. Zij heeft altijd benadrukt om zelfstandig te zijn. Mijn moeder was zelf ook zeer zelfstandig. Ze had de eerste stofzuiger die er was! Ze is ook vrij oud geworden.'

Mijn hoofd wil meer

'Het fijne aan zo oud worden is dat ik me nergens meer druk om maak. Je kunt toch niets meer veranderen. Je dobbert gewoon maar door. Ik hoef gelukkig geen pilletjes te slikken. Alleen het zien, horen en lopen gaat erg achteruit. Dat vind ik heel erg. Mijn hoofd wil meer dan mijn lijf kan. Dat vind ik moeilijk te accepteren. Ik handwerk graag en vroeger borduurde ik veel. Nu ga ik niet meer naar de handwerkclub. Dat het allemaal moeilijk gaat, daar ben ik wel eens verdrietig over. Je moet veel inleveren als je zo oud bent. Ik woon hier fijn en krijg goede verzorging. Ik drink iedere dag koffie in de gezamenlijke ruimte. Je moet zelf moeite doen om je niet af te sluiten. Ook ga ik af en toe mee met uitjes en naar de bingoavond. Ach, ja aan alles komt een einde. Fijn dat je er was! Zul je voorzichtig zijn?'

Mevrouw De Jong-Van Netten is op 25 juni 2018 overleden.

intermezzo

De zuster roept de mevrouw in het verpleeghuis waar ik op bezoek ben voor mijn volgende interview. Mevrouw S. ligt nog te rusten als ik aankom.
Ik ben te vroeg bij het verzorgingshuis in Amsterdam. Zal ik al naar binnen gaan? Of is het onbeleefd om veel te vroeg te komen? Misschien doet mevrouw S. wel een dutje. En heeft ze keurig de wekker gezet. En dan stoor ik haar. Ik ga aan een lange tafel naast de receptie zitten. Een gezellige plek want er lopen steeds mensen langs.

Echo

Op tafel ligt de Echo, een lokale krant. Ik blader hem door. Ik las deze krant altijd bij mijn opa en oma. Toen had ik hem ook al snel uit. Een oudere vrouw schuift aan. 'Ik kom bij u zitten. Gaan we al eten? Half één, toch?' Ik knik. Ik had deze mevrouw, voordat ze bij mij aan tafel schoof, al een paar keer horen vragen hoe laat het eten ook alweer was. Ook een soort 'Echo'.

Als u gaat, ga ik mee

De mevrouw vindt dat ik een mooie jurk aan heb. Ik bedank haar en zeg dat haar glimmende schoenen prima bij mijn jurk passen. Veel beter dan de mijne. Ze lacht en knikt als ze een blik op mijn afgetrapte laarsjes werpt. We praten een tijdje over het weer. Ze informeert nog een paar keer naar het tijdstip van het eten. Als ik opsta, staat ze ook op: 'Als u gaat, dan ga ik mee.' Ik loop naar de kamer van mevrouw S. en de mevrouw met de glimmende schoenen loopt mee. Ik ben bijna bij het juiste kamernummer.

Waar is de eetzaal?

Dan hoor ik 'Zuster' roepen. Ik draai me om. Een dame in een rolstoel met benen die trillend op en neer blijven bewegen, vraagt of ik haar naar de eetzaal kan brengen. Natuurlijk. 'Waar is de eetzaal?' Zij wijst een kant op en ik breng haar erheen, terwijl de mevrouw met de glimmende schoenen meeloopt. In de eetzaal zet ik beide dames bij elkaar. Ziezo.

Glaasje drinken

Ik wil teruglopen, maar ben de weg kwijt. Ik weet niet meer welke kant ik op moet. Deze gang? Of die deur? Intussen hoor ik opnieuw 'Zuster' roepen. Ik kijk om en een andere, oudere mevrouw die in de gang zit vraagt of ik een glaasje drinken voor haar kan inschenken. 'Ik heb zo'n dorst.' Natuurlijk. 'Waar kan ik het pakken?' Zij wijst achter zich en ik zie in de koffiehoek een watertap staan. Gelukkig! Die is vlakbij de receptie, wist ik me te herinneren. Ik pak wat te drinken en breng het naar de mevrouw.

Zuster!

Intussen weet ik ook weer waar de kamer van mevrouw S. is. Als ik bij mevrouw aanbel, roept ze: 'Binnen! De deur is open.' Ik doe de deur open en zie haar in een stoel bij het raam zitten. Het eerste dat ze zegt als ze me ziet is: 'Alsjeblieft, zuster, ik moet heel nodig naar het toilet maar niemand hoort me. Het alarm is geblokkeerd en mijn telefoon doet het niet.' Ik twijfel of ik haar zelf naar het toilet zou helpen. Ik heb in mijn leven heel wat ouderen naar het toilet geholpen, maar ik weet niet of ze dat op prijs stelt. En of het personeel me misschien een bemoeial vindt. Straks valt ze! Ik besluit snel een echte zuster te halen. Ik loop de gang op. Ineens hoor ik mezelf roepen 'Zuster!'

3 Meeleven met de gang van zaken in de wereld

Mevrouw Tersteege wordt 103 jaar. Geboren in Batavia en uiteindelijk naar Nederland gekomen. Haar geheim? Meeleven met de gang van zaken van de wereld. Altijd op de hoogte blijven en meedoen.

'Net als koning Willem-Alexander ben ik geboren op 27 april. Maar, ik was eerder. Ik ben geboren in 1915 in Batavia, in Indië. Dat is nu Jakarta. Ik ben met mijn vier zussen en broer opgegroeid in Batavia. Mijn ouders waren volbloed Nederlands. Ik trouwde met een man die ook Nederlands was en ook een groot deel van zijn leven in Indië heeft gewoond. Al heeft hij zijn middelbare school en studie Pharmacie in Nederland gedaan.'

'We kregen drie kinderen, twee dochters en een zoon. Mijn man werkte voor het Koninklijk Nederlands-Indisch Leger als apotheker. Elke zes jaar gingen we – als we verlof hadden – naar Nederland. De reis naar Nederland duurde vier weken. Dat had zeker zijn charmes, vier weken heen, zes maanden verlof en vier weken terug.'

Soevereiniteitsoverdracht

'De laatste keer, in 1949, liep het verlof anders. Het werd een verlof dat voorgoed zou duren. We kwamen naar Nederland omdat de zussen van mijn man die in Curaçao leefden, ook in Nederland zouden zijn. Eindelijk zouden we elkaar, na dertien jaar, weer zien. Maar we mochten na het verlof niet meer terugkeren. In de tussentijd was namelijk de soevereiniteitsoverdracht getekend. We waren niet meer welkom. Dat was erg moeilijk. We waren er opgegroeid en voelden ons er thuis! Ook hebben we het nodige meegemaakt in Indië gedurende de oorlog. Het kamp overleefd. En dan waren we niet meer welkom. Dat kwam hard aan.'

Allesbehalve gastvrij

'De ontvangst in Nederland was allesbehalve gastvrij. We werden opgevangen in wat nu het Singer Museum in Laren is. Het was onvoorstelbaar koud. We woonden met het gezin in één groot, hoog atelier op het noorden.' Haar man kon aan de slag bij de landmacht. In 1950 verhuisden we naar Amsterdam, naar een dienstwoning. 'Het sneeuwde toen we verhuisden. Ook de woning in Amsterdam bleek moeilijk te verwarmen. Doordeweeks ging het nog omdat de woning boven kantoren lag, boven het rijksmagazijn. In het weekend waren de kantoorruimten leeg en werd er niet gestookt. De keuken was de beste plek. Daar was het nog enigszins warm omdat daar werd gekookt. Mijn man ging in 1953 met pensioen. Uiteindelijk is het gezin naar Bussum verhuisd. We waren zo blij dat we nu een woning hadden die we echt zelf hebben uitgezocht.' Ze is heel wat keren verhuisd in haar leven. Ook in Indië is ze vaak verhuisd als haar man werd overgeplaatst.

Mooie momenten

Haar man kon niet stilzitten. Snel had hij werk gevonden in een laboratorium waar dierproeven werden gedaan. Hij nam een ratje mee naar huis. 'Dat werd een echte huisvriend.' Hij heeft daar twaalf jaar gewerkt en ging toen opnieuw met pensioen. Niet lang daarna meldde haar man zich aan bij 'Dienst Over Grenzen' en werd hij uitgezonden naar Perzië, het huidige Iran. Daar kon hij aan de slag bij een Amerikaans zendingshospitaal. Hij sorteerde Amerikaanse medicijnen. 'Mijn opleiding als apothekersassistente kwam goed van pas. Ik hielp hem met het werk.' De moslimcultuur kwam haar niet onbekend voor. 'We hebben er mooie momenten beleefd.' Ik vraag haar of ze het niet moeilijk vond om zich opnieuw aan te passen. 'Ik deed het omdat mijn man daarheen ging.' Na een stilte voegt ze toe en kijkt me met een serieuze blik aan: 'Ik heb wel geleerd om me aan te passen.'

Noodlottig ongeluk

Mijn zoon Frans is in 1964 op 17-jarige leeftijd door een noodlottig auto-ongeluk omgekomen. Behalve dochter Riet zat het hele gezin in de auto. 'Ik was als enige op de begrafenis van mijn broer', vertelt Riet. 'De anderen lagen nog in het ziekenhuis.' Mevrouw Tersteege vertelt dat haar man eigenlijk niet bij haar op de kamer mocht slapen, maar zoveel stennis heeft geschopt dat het wel mocht. Deze tragische gebeurtenis heeft veel impact op het gezin. 'De kracht van God heeft me in moeilijke tijden geholpen.'

Gang van zaken in de wereld

'Haar man overleed toen hij 76 was. Ik had nooit gedacht dat ik zelf de honderd zou halen. Want die tropenjaren tellen dubbel.' Sinds 2008 woont ze in het verzorgingshuis in Bussum. Als ik aanstip dat veel verzorgingshuizen een transformatie ondergaan, antwoordt ze: 'We mogen hier gelukkig gewoon blijven wonen.' De agenda van mevrouw Tersteege is goed gevuld. 'Ik probeer zoveel mogelijk met de activiteiten hier mee te doen. Wandelen op maandag, iedere ochtend is er koffieochtend, dinsdag schilder ik met het creatieve clubje en ik ga wekelijks naar de kerkdienst.' Haar dochters komen regelmatig op bezoek. Ze heeft twee kleinzoons, maar die wonen niet in de buurt. 'Eentje woont zelfs in Ierland.' Ze leest iedere dag de krant. 'Ik probeer mee te leven met de gang van zaken in de wereld. Ik probeer altijd de goede dingen op te zoeken die er ook nog zijn in het leven.'

Blue Zones

Uit onderzoek is gebleken dat er opvallend veel heel oude mensen in de volgende vijf gebieden wonen:
Loma Linda (Californië), Nicoya (Costa Rica), Ikaria (Griekenland), Sardinië (Italië) en Okinawa (Japan)

Uit interviews met ruim 260 honderdplussers in deze zogenoemde 'Blue Zones' kwamen negen gemeenschappelijke kenmerken naar voren.

1. Beweeg natuurlijk
2. Doel hebben
3. Heb zo min mogelijk stress
4. Hanteer de 80%-regel: stop met eten als je maag voor 80% gevuld is
5. Eet bonen en plantaardig voedsel
6. Drink (rode) wijn: 1 tot 2 glazen per dag
7. Gelijkgestemden: behoren tot een groep (bijvoorbeeld geloofsgemeenschap)
8. Familie en geliefden
9. Creëer een netwerk, een vriendenkring: mensen uit Okinawa zorgen dat ze een groep van vijf mensen om zich heen hebben die elkaar steunen, moais.

Als ik denk aan de 26 ouderen die ik gesproken heb dan bewegen zij inderdaad allemaal natuurlijk. Geen sportschool of fitness maar 'scharrelen' in en om het huis. Zij hebben allemaal bezigheden waar zij blij van worden: handwerken, rummycup spelen. En zij hadden allemaal een netwerk om zich heen. Sommige hebben een beperkt netwerk, anderen uitgebreider. De andere zaken herkende ik minder. Zo drinkt lang niet iedereen wijn en werd er meestal niet super plantaardig gegeten. Zij eten allemaal matig maar dat doen veel oudere mensen. En ze eten weinig fastfood.

Honderd jaar

Nieuwsgierigheid is mijn drijfveer. Wat mij in de bijna 86 jaar dat ik leef ook overkomt, uiteindelijk is het nieuwsgierigheid die mij doet verdergaan. Een eigenschap die mij bij het schrijven goed van pas komt.

Zo werd ik van het lezen van deze unieke verhalen van de honderdjarigen erg opgewonden. Het is of ik achterom kijk, naar het leven van mijn grootouders. Want mijn nieuwsgierigheid bracht mij als jong kind er al toe, mijn grootmoeder uit te horen over haar leven. Zij was in 1878 geboren en dochter van een bekende kleermaker op de Oude Hoogstraat in Rotterdam. Drie oudere broers gingen voetballen bij Sparta, een van de allereerste voetbalclubs in ons land. Een broer brak zijn heup. En in die late negentiende eeuw was de chirurgie nog niet zo ver gevorderd, dat die heup ooit is hersteld, waardoor mijn oudoom zijn leven lang mank heeft gelopen. Die oudooms gingen graag en veel uit. Hun zusje, mijn oma, werd door hen meegevraagd als chaperonne, waardoor zij in staat waren zelf ook een meisje mee te vragen Maar mijn omaatje ging wel graag met hen mee, want 'voor wat hoort wat'. Zij vroeg als beloning aan haar broers een paar glacés, mooie dun lederen handschoenen!

Haar vader, de kleermaker, leerde haar vette boorden schoon te maken met een mengsel van ammoniak en water! In het voorjaar werd het huis gelucht, de dekens en kleden buiten geklopt en geschuierd. Alles vóór Pasen! Ook de kachel ging uit. Hoe koud het ook nog werd, die bleef uit!

Mijn omaatje had een klein broertje, een zwak jongetje. Iedere dag kwam er een ezelin langs de deur, die werd ter plekke gemolken, zodat er niet met de melk kon worden gesjoemeld.

Oma zelf was feministisch voor de troepen uit. Zij werd fröbeljuf en verdiende vijfentwintig gulden per drie maanden. Dat geld legde zij aan tafel vol trots onder het bord van haar vader! Ik kan nog uren doorgaan te vertellen over dat dagelijks leven aan het eind van de negentiende eeuw waar ik achter kwam door het stinknieuwsgierig uithoren van mijn grootmoeder.

Dat leven proef ik hier en daar ook uit de heerlijke verhalen van de honderdjarigen. Eén tip om honderd jaar en meer te worden zal ik niet vergeten: 'Eet drie radijsjes per dag!'

Ik heb ogenblikkelijk in de biologische winkel een bos vrolijk rode knolletjes gehaald. Want ik wil mijn nieuwsgierigheid zo lang mogelijk op peil houden ...

Marjan Berk, schrijfster

Eigenlijk had ik dokter willen worden

Terugkijkend op zijn leven had de heer Van der Hoeven (101 jaar) het liefste dokter willen worden. Maar toch heeft hij een buitengewoon bewogen leven gehad.

'Eigenlijk had ik dokter willen worden. Maar mijn broers studeerden al, dus was er geen geld meer. Ik ben in 1939 uitgezonden naar Indië, maar ik wist totaal niet wat me te wachten stond. Ik ging erheen omdat ik daar kans zag op een betere baan. Ik had me opgegeven als hospitaalsoldaat. Voor mijn vertrek naar Indië heb ik mijn diensttijd in Nederland vervuld. De oorlog brak uit en ik ben als krijgsgevangene in een jappenkamp geweest. Ik hoorde later dat één op de vier mensen zo'n kamp overleefde. Ik heb het overleefd en er geen trauma aan overgehouden. In het kamp trok ik veel op met een arts. Van hem heb ik eigenlijk het vak geleerd. De arts vond het geweldig dat ik zo geïnteresseerd was in zijn vak. Drie jaar lang werkten we samen. Er ontstond een bijzondere vriendschap.'

Medische kennis

'Na de oorlog ben ik bij mijn broer en schoonzus gaan wonen. Daar heb ik mijn vrouw ontmoet, want zij hielp daar een handje in de huishouding. Ze nam niet snel beslissingen, dus heeft het lang geduurd voordat we een relatie kregen. Intussen ben ik nog een keer naar Indië gegaan. We hebben elkaar toen brieven geschreven. Het waren geen liefdesbrieven hoor, maar we schreven wel gezellige dingen naar elkaar. Ik heb negen maanden als vrijwilliger in Singapore gewerkt met die arts – waar ik al mee had samengewerkt – in een kamp. Daar werden inheemse mensen, voornamelijk Javanen, opgevangen. Zij werden romoesja's genoemd en ze waren er slecht aan toe. Zij moesten voor de Japanse bezetters werken onder barre omstandigheden. Ze hebben spoorlijnen aangelegd in verschillende delen in Azië. Ik kon in dat opvangkamp mijn medische kennis kwijt.'

Lange studie

'Eenmaal terug in Nederland heb ik even overwogen alsnog medicijnen te gaan studeren. Ik was inmiddels bijna dertig jaar en wilde wat gaan verdienen in plaats van geld te lenen voor een lange studie. Ik heb het voorrecht gehad om het vak uit te oefenen zonder het gestudeerd te hebben, bedacht ik. Ik ben gaan werken bij diverse bedrijven, zoals bij een Amerikaans bedrijf dat gereedschappen maakte. En ik heb mijn vrouw ten huwelijk gevraagd. Ze moest nog even nadenken, want zij nam immers moeilijk beslissingen. We zijn getrouwd, kregen één dochter en drie zoons.'

Engelse liedjes

'We hebben een huis laten bouwen. Mijn vrouw en ik pasten heel goed bij elkaar, maar ik had eigenlijk een Engelsman moeten zijn. Zij hield erg van de Engelse taal en cultuur. Zij zong heel mooi en met name Engelse liedjes. We zijn vaak naar Engeland met vakantie geweest. We zijn nooit naar Indië geweest. Dat wilde ik niet, want ik zou niets meer terug herkennen. Er is veel veranderd. Wel zijn we naar Malakka gegaan omdat ik haar een beetje van het tropenleven wilde laten proeven.'

Leren roken

'Natuurlijk heb ik gerookt. Maar ik ben gestopt. Zo rond mijn zestigste. Toen ik bij mijn dochter die in het buitenland woonde op bezoek ging, zei ze dat ik welkom was als ik niet zou roken. Ik ben daarom gestopt. Wel jammer, want ik genoot enorm van een goede sigaar. Mijn grootvader heeft mij leren roken. Ik kwam graag bij mijn grootouders als kind. We speelden spelletjes. Grootvader had van die sigaretten in een geel doosje. Ik was zo'n jaar of veertien en ben toen ook gaan roken. Daar heb ik totaal geen spijt van.'

Vertrouwen in het lot

'Mijn activiteiten zijn de laatste jaren flink ingekrompen. Vroeger heb ik veel gewandeld. Nu luister ik vooral naar muziek. Weet je, ik heb veel vertrouwen in het lot gehad. Het lot is mij goed gezind geweest. Soms zagen dingen er slecht uit, maar die keerden zich altijd ten goede. Het lot heeft me nooit in de steek gelaten.'

Wees goed voor andere mensen

Het motto van zuster Geertrude van de Leur (102 jaar) uit Tilburg: wees goed voor andere mensen.

'Wat voor vraag staat er op het label bij het theezakje? Wat ik als eerste zou redden als er brand was? Nou, mezelf natuurlijk! Kijk, ik zet uw theekopje hier op de rollator en breng dat naar u toe. Als een echte serveerster met een dienblad. En nu moet u toch echt een koek nemen. Graag op dat schoteltje daar neerleggen.'
'Ik ben verpleegkundige geweest, dat merkt u wel. Ik heb altijd graag voor mensen gezorgd. Toen ik tien jaar was, zorgde mijn moeder voor mijn oma. Ik hielp dan mee en gaf haar altijd eten. Dan zong ik: "Hup, zei de beer, want die lust nog wel meer."'

In het klooster

'Ik wilde altijd al graag voor andere mensen zorgen. Dus toen ik in het klooster kwam, kon ik een opleiding tot verpleegkundige volgen. Ik was al coupeuse van beroep. Toen ik twintig jaar was ben ik in het klooster gegaan. Het was echt een roeping. Ik wilde al eerder gaan, maar mijn ouders vonden het te vroeg. Ik moest eerst maar eens meer van de wereld weten. Het was geen grote stap, want thuis moest ik ook al gehoorzamen. Als meisje mocht je niets in mijn tijd. Niet dansen, niet voetballen en ook niet van de trapleuning naar beneden glijden. Dat heb ik van mijn broers geleerd en deed het stiekem toch. Maar het mocht niet.'

Snoepkous

'Ik had drie broers en een zus. Mijn zus had gezegd dat ik in het klooster geen snoep mocht eten. Ik heb voordat ik ging een jaar niet gesnoept om er vast aan te wennen. De snoep gaf ik aan mijn zus. Maar wat bleek nu? In het klooster mocht je best wel snoepen. Mijn zus had het gewoon verzonnen omdat ze zelf een snoepkous was en zo mijn snoep kon overnemen!'

Bombardementen

'Ik heb in Venlo in een ziekenhuis gewerkt dat verbonden was aan het klooster. De oorlog brak uit en ik heb verschillende bombardementen meegemaakt. Ik heb gebeden dat de bommen niet op het ziekenhuis zouden vallen. Ik was pas 24 jaar en vond het afschuwelijk. Ik ben in de oorlog zelf ook erg ziek geweest. Ik ben in Eindhoven geboren, maar ik heb overal gewerkt; België, Maastricht, Venlo, Kampen. Ik ben ook directrice geweest van een bejaardenhuis.'

Wees goed

'Wat ik de volgende generaties zou willen meegeven is het volgende. Ten eerste: wees goed voor je ouders en wees eerlijk. Ten tweede: wees goed voor andere mensen, ongeacht godsdienst of natie. Ten derde: mocht je problemen hebben, zoek dan iemand die je raad kan geven. Dat kan een geestelijke zijn in de parochie, maar ook een leek. En tot slot: heb begrip voor mensen die anders zijn. God heeft hen ook geschapen. En als je teleurstellingen meemaakt, stop die dan in een zakdoek en gooi ze weg.'

Teleurstellingen

'Ik heb ook teleurstellingen meegemaakt. Als ik overgeplaatst werd naar een andere locatie bijvoorbeeld. En hoe ouder je wordt, hoe meer teleurstellingen je krijgt. Ik vind het erg dat ik mijn handen slecht kan gebruiken. Ik haak namelijk heel graag engeltjes voor in de kerstboom. Vroeger lukte het me om er vier per dag te maken, Nu hooguit eentje. Nou, dan ga ik lekker eerder slapen. Mensen hebben een vrije wil en kunnen kiezen hoe ze met teleurstellingen omgaan.'

Onze Lieve Heer

'Als ik dood ben verwacht ik een omarming van mijn bruidegom. Hij krijgt er veel boven, allemaal zusters en fraters. En misschien is het wel beneden. Wie zal het zeggen? Kennelijk wil Onze Lieve Heer me boven nog niet hebben. Ik geef me gewoon over en wacht rustig af.'

Zuster Geertrude van de Leur is 19 mei 2018 overleden.

1

Een mooi verhaal begon in Bloemendaal

De heer Van Der Knaap uit Bunnik is nu 105 jaar. Hij is heel blij dat hij dicht bij zijn kinderen woont. Maar zijn vrouw mist hij nog iedere dag. Zijn leven is een mooi verhaal, daar is geen twijfel over mogelijk.

'Een mooi verhaal begon in Bloemendaal. Op het station van Bloemendaal heb ik namelijk mijn vrouw ontmoet. Ik kende haar al, want zij kwam ook uit Schiedam. We hebben vroeger met elkaar gespeeld als ik mijn opoe kwam opzoeken. Haar grootmoeder woonde namelijk in de buurt. 'We hadden elkaar al in geen jaren meer gezien toen ik haar tegenkwam op station Bloemendaal. We gingen allebei naar een kennismakingsbijeenkomst van de Nederlandse Reisvereniging. Ze was een geschenk uit de hemel! We zijn in 1952 getrouwd en vijftig jaar heel gelukkig getrouwd geweest. We zijn in Capelle aan den IJssel gaan wonen. Het was in die tijd niet makkelijk om een woning te vinden maar via een tip van een collega van het werk hebben we het huis gevonden. Een leuk, klein huis waar we heerlijke jaren hebben gehad.'

Seniorenwoningen

'We kregen een dochter en een zoon. We zijn nog naar een ander huis verhuisd en hebben tot 2003 in Capelle gewoond. Het was dan ook niet makkelijk om naar Bunnik te verhuizen. Maar dat hebben we gedaan om dichter bij de kinderen te wonen. Dat bleek een heel goede beslissing. We hebben lang gezocht en in Bunnik zagen we een mooi, centraal gelegen complex met seniorenwoningen. We hebben wel even op de woning moeten wachten, want het duurde een jaar voordat er eentje vrijkwam. We hebben er nooit spijt van gehad.'

Veel geluk

'Ik heb veel geluk gehad in mijn leven. Zo moest ik in 1946 opkomen voor militaire dienst, maar ik zat vlak voor mijn eindexamen. Ik heb uitstel aangevraagd en gekregen. Ik kon mijn studie economie afmaken. Daarna moest ik wel weer opkomen, maar doordat ik afgestudeerd was kon ik bij de Dienst Welzijnsvoorziening werken. Nou, daar heb ik drie jaar gewerkt en een bijzondere tijd gehad. Ik mocht reizen naar Sumatra en Celebes om daar ook welzijnsafdelingen op te zetten. Mijn chef had namelijk vliegangst. Ik ben nog twee keer naar Indië terug geweest om mijn vrouw het land te laten zien. We hebben altijd veel gereisd. De laatste jaren gingen we veel naar de Moezel. Maar we zijn ook vaak naar de bergen geweest, naar Oostenrijk en Zwitserland. Ik ben er trots op dat ik de top van de Wildspitze heb bereikt. Die is 3700 meter hoog. Ik zie mezelf daar nog staan!'

Leeg huis

'Ook heb ik veel geluk gehad met mijn vrouw. We hebben het fijn gehad samen. Mijn vrouw is in 2007 overleden. Dat was erg moeilijk. Maar er treedt gewenning op. Ik leef met de herinneringen. In het begin miste ik het praten, het samen zijn. Het huis was zo leeg. Maar in je stoel blijven zitten brengt niet de oplossing. Op een gegeven moment accepteer je het verlies en probeer je het gezellig te maken. Ik heb zoveel moois om me heen. Als ik 's ochtends opsta, loop ik altijd even langs de kast waar foto's van mijn vrouw, onze twee kinderen en hun partners en mijn vier kleinkinderen staan. Dan zeg ik hun even gedag.'

Een mooi verhaal

'Ik eet regelmatig bij mijn kinderen. Ik voel me bevoorrecht dat mijn kinderen zo dichtbij wonen. En ik heb goede buren. Als ik nog in Capelle had gewoond, was ik waarschijnlijk eenzaam geworden. Je moet desondanks wel zelf initiatieven blijven nemen. Zo heb ik een cursus oude muziek gedaan. Als ik heel afhankelijk word, dan hoeft het voor mij niet meer. Ik probeer zoveel mogelijk zelf te doen en niet te afhankelijk te worden. Ik doe zelf de boodschappen. Gelukkig zijn de winkels dichtbij.'

Nieuwsgierigheid is de beste drijfveer

Mevrouw Elisabeth Fisher (103 jaar) is een Amsterdamse die nieuwsgierigheid ziet als haar belangrijkste drijfveer in het leven. En haar leven is op z'n minst bijzonder te noemen. Heel bijzonder!

'Onderwerp je nooit, nooit, nooit aan enige autoriteit', is het eerste dat mijn moeder, een echte Friezin, me leerde. Mijn moeder was tijdens de Eerste Wereldoorlog de eerste hongerstaakster in Nederland. Tijdens een demonstratie tegen de oorlog schold ze een politieagent uit en werd toen onmiddellijk gearresteerd.
Ze was een "rooie". Ze moest naar de gevangenis op de Weteringschans in Amsterdam. Haar les om je niet te onderwerpen aan een autoriteit heb ik goed in mijn oren geknoopt. Dus ben ik in mijn leven van de ene rotzooi in de andere gerold, haha. Maar ik heb wel een avontuurlijk leven gehad. Ik heb in verschillende landen gewoond en heel veel mensen ontmoet. Mijn nieuwsgierigheid is mijn kracht. Die nieuwsgierigheid heb ik altijd gehad. Ik ben naar Rusland gegaan, want ik wilde Andrej Sacharo, atoomgeleerde en vooraanstaand dissident wel eens ontmoeten. Ik heb zes talen geleerd – ik spreek Nederlands, Frans, Duits, Engels, Italiaans en wat Russisch. Ook kan ik vloeken in het Hindi.'

Het leven is een cadeau

'Wanneer mensen de tijd nemen en de nieuwsgierigheid hebben om rond te kijken en te zien hoe rijk Nederland is met hun nieuwe burgers, dan zou dat voor iedereen aangenamer zijn. Je moet mensen in hun waarde laten. En als je iets van een andere cultuur niet begrijpt of vreemd vindt, dan vraag je ernaar. Dan leggen de mensen het je uit en dat is geweldig. Dat is echt ge-wel-dig. Dóórvragen, belangstelling tonen, dan pas kom je achter waarheden. Je ziet dan overeenkomsten en verschillen. Want eigenlijk zijn we allemaal hetzelfde. We beseffen te weinig dat het een wonder is dat we op de wereld zijn. We zijn begonnen met niets. Als je geboren wordt dan weet je niets. Het leven is het enige dat we cadeau krijgen en daar moet je zelf wat van zien te frutselen.'

Lezen is belangrijk

'Lezen is belangrijk. Je kunt niet vroeg genoeg beginnen met leren lezen. Ik ben zo'n mens dat geen opleiding heeft afgerond. Maar lezen is de redding van de gewone mens. Mijn moeder legde alles uit. Alle woorden die ik niet kende. Ook heeft ze me geleerd dat arm zijn niet erg is zolang je manieren hebt. Weet je, een magere jeugd is een geschenk voor het leven. Ik heb namelijk geleerd dat je zonder veel bezit kunt leven. Ik ben daardoor nooit afhankelijk geweest van spullen.'

Activiste

'Ik was politiek actief en ik was een activiste Zo was ik in 1948 in Berlijn tijdens de blokkade. Ik heb veel contact gehad met Willy Brandt, sociaal-democratisch politicus en Bondskanselier van West-Duitsland, want die kende ik nog uit de jeugdbeweging. Ik heb in Brussel gewoond, Parijs, Frankfurt, Praag, Amerika. De wereld is zo klein! Ik heb overal wel werk gehad. Het scheelde enorm dat ik zoveel talen sprak. Na de oorlog heb ik bij Het Parool gewerkt. Ik vroeg aan Frans Goedhart of hij geen werk voor me had. Hij heeft tijdens de Tweede Wereldoorlog de illegale verzetskrant *Het Parool* opgericht. En ja hoor, ik mocht stukjes schrijven en dat deed ik graag. Ik heb ook jaren met Karel van het Reve samengewerkt, onder meer in de Alexander Herzen Stichting, een in 1969 opgerichte stichting die als doel had dissidente sovjetliteratuur in het Westen uit te (laten) geven.'

Nieuwsgierigheid is belangrijk

'We leven in een wereld waar het draait om succes. Daardoor maken we alles mooier dan het in werkelijkheid is. We moeten veel meer kijken en dan bedoel ik echt zien. Ik vertel mijn hele leven verhalen. Ik hou er vooral van om verhalen aan kinderen te vertellen. Ik had zelf twee kinderen. Mijn zoon is toen hij eind vijftig was overleden aan kanker en mijn dochter stierf door de drank. Ze was niet te redden. Dat is natuurlijk heel, heel erg zwaar geweest. Elke morgen zeg ik nog: dag Pop, dag jongen. Ik heb ook mijn echtgenoten verloren. Men leert in het leven te relativeren. Maar ik heb zoveel vrienden en hulp om me heen. En ik ontmoet altijd nog nieuwe mensen. Nieuwsgierigheid is de beste drijfveer die je kunt hebben.'

Ik ga rustig mijn eigen gang

Mevrouw Noortje Pennarts-Elfferich (105 jaar) groeide op in Indonesië. Het was heel erg wennen voor haar in Nederland. Maar teruggaan was geen optie.

'Nog altijd loop ik op blote voeten. En ik douche me op Indische wijze, dus ik begiet mezelf met kopjes water uit een emmer. Dat heet: sirammen. Ik ben een echt tropenkind. Indische gewoonten leer je nooit meer af. Ik ben geboren in Ngadiwono in Indonesië. Ik zal het even spellen: N-G-A-D-I-W-O-N-O. Daar heb ik gewoond totdat we in 1958 terug moesten naar Nederland. Mijn vader had daar een tuinderij. We hadden apen als huisdier en paarden. Het paard was ons vervoermiddel. We woonden vrij en de buren woonden een stuk verderop. 'Toen we terugkwamen in Nederland hebben we nauwelijks gesproken over onze kampervaringen. Mensen hier begrepen niet wat wij hadden meegemaakt in Indonesië. Maar het was een verschrikkelijke ervaring. Ik heb in diverse kampen gezeten. Ik heb doodskisten moeten timmeren. Dan moest je erin liggen om te kijken of het paste. De Japanners gaven ons regelmatig een keiharde trap in de rug. Daar heb ik nog steeds pijn van. We beurden elkaar als lotgenoten op. Je moest de moed niet laten zakken. Je stond er niet alleen voor. Maar het was wel heel zwaar.'

Jappenkamp

'Ik schreef briefjes naar mijn man die in een ander kamp zat. Dat mocht eens in de zoveel tijd. Soms was de tekst al voorgeschreven en mocht je zelf kort iets toevoegen. Ik schreef dat ik dicht bij mijn moeder in een kamp zat zodat hij wist welk kamp het was. Want het kamp was vlakbij het huis van mijn moeder. Na de oorlog zijn onze twee kinderen al naar Nederland gegaan om daar naar school te gaan. In Indonesië was er alleen lagereschoolonderwijs. Zij verbleven bij kennissen van ons. Wij gingen af en toe op verlof naar Nederland. Dan was je een maand onderweg.'

Seniorencomplex

'Nee, ik ben nooit meer terug geweest. Iedereen raadde het af om terug te gaan omdat je niet meer vindt wat je zoekt. In Nederland zijn we niet echt gastvrij ontvangen. We moesten erg wennen aan de kou, aan het dicht op elkaar wonen. En ik miste de dieren. We hebben in Laren, Limburg en Den Haag gewoond. Uiteindelijk zijn we in Soest komen wonen. Mijn man is vrij vroeg overleden. Sindsdien woon ik alleen. Ik ben bewust met vriendinnen in dit seniorencomplex komen wonen. Dat leek ons handig. Al meer dan dertig jaar geleden hoor. Iedere twee weken drink ik koffie met vriendinnen. Eigenlijk zijn zij de kinderen van mijn vroegere vriendinnen. Maar zij zijn allemaal al lang overleden. Nu zijn hun kinderen mijn vriendinnen. Dan drinken we koffie met elkaar. Heel gezellig, maar met hen voer je andere gesprekken dan met leeftijdgenoten. Op het laatst blijf je alleen over als je zo oud wordt. Niet zeuren, zeg ik dan maar tegen mezelf. Ik ga rustig mijn eigen gang.'

Actief leven

'Mijn dochter en kleinkinderen komen veel. Kleindochter Nicolette komt iedere dag langs. Daardoor kan ik hier in deze seniorenwoning blijven wonen. We doen dan boodschappen. Als ik door de stad loop en ik zie een leuk lapje stof dan koop ik dat. Ik maak er dan kleding van. Dat heb ik altijd al gedaan. Ik heb heel veel stof en kleding. En dan nog weet ik niet altijd wat ik aan zal trekken. Naast naaien, lees ik veel. Ik spit de krant door. Ik ga ieder jaar naar mijn dochter Elly die in Spanje overwintert. Daar verzorg ik de plantjes, want ik ben dol op tuinieren. Ook heb ik daar mijn eigen prinsessenbed, een luxe tuinstoel.'

Mijn eigen gang

'Ik heb tot mijn 99ste gefietst. Zelfs naar Ede en weer terug. Daarna werd mijn zicht slechter en ben ik gestopt met fietsen. Optimisme, nieuwsgierigheid en het blijven meedoen met van alles, dragen bij aan het goed oud worden. Wat ik het leukste vind van zo oud worden is dat ik mijn kleinkinderen en achterkleinkinderen zie opgroeien. Ik heb pas een achter-achterkleinkind gekregen. Hier is de foto. Dat is toch erg bijzonder.'

Zet je rechterbeen voor het andere been

'Zet je rechterbeen voor het andere been, dan kom je een heel eind!' aldus de heer Logtenberg (103 jaar). Nooit getrouwd, nooit gerookt en nooit gedronken. Is dat zijn geheim? 'Waar ik geboren ben? In de bedstee! In ieder geval niet op straat', zegt de heer Jacob Logtenberg lachend.

Hij is 103 jaar geleden geboren in Oene, in de gemeente Epe. 'In de goeie ouwe tijd', zegt hij. 'Ik heb veel ontwikkelingen gezien. Toen de eerste auto er was, vroeg ik me af waar het paard toch was. Want hoe kan een auto nu vooruit komen zonder een paard ervoor? Dat heb ik allemaal meegemaakt!' 'Ook dat er voor het eerst stroom kwam. In Oene kwam relatief snel stroom. De klompenmakerij in het dorp had stroom nodig dus toen dat er kwam, kregen wij als dorpelingen het ook.' Ook denkt hij nog wel eens terug aan de tijd dat hij hielp met het schillen van appels. 'Die werden in een grote teil gedaan. Daarna werden ze gedroogd zodat je gedroogde appeltjes had.'

Dat klinkt deftiger

Net als zijn vader, grootvader en overgrootvader is hij zijn hele leven boer geweest. 'Ik noem het landbouwer, dat klinkt deftiger.' Zijn broer woonde naast de boerderij waar de heer Logtenberg en zijn vader hebben gewoond. Zijn moeder is relatief jong overleden aan een longontsteking en toen is er een huishoudster in huis gekomen. 'We hadden koeien, varkens en kippen. Ook hanen, anders hadden de kippen geen schik', lacht de heer Logtenberg. 'Het leukste aan het boer zijn was om achter de koeien aan te rennen. Het minst leuke was het vroege opstaan en het moeten melken.'

De Duitsers hadden niets door

Tijdens de oorlog kwamen de Duitsers ook op de boerderij langs. 'We hadden de fietsen op zolder verstopt. Met een dikke laag hooi erop zodat de Duitsers ze niet zouden zien. De Duitsers sliepen zelfs boven op het hooi maar wisten niet dat de fietsen daar lagen. Later hebben we de fietsen nog in de sloot verstopt.'

Nooit getrouwd

De heer Logtenberg ziet en hoort slecht. 'Hardlopen doe ik ook niet meer.' Lange tijd woonde hij naast het huis van zijn nicht en haar echtgenoot. Maar acht jaar geleden is hij verhuisd naar woonzorgcentrum Rehoboth van zorgorganisatie WZU Veluwe. Hij woont er naar volle tevredenheid en doet mee aan de koffieochtenden, geheugentrainingen en bewegingsactiviteiten. Zijn nicht en haar echtgenoot komen iedere dag langs. Zij komen iedere dag trouw om voor te lezen uit de bijbel. 'Het is zo fijn dat ze dat voor me doen.' Hij is nooit getrouwd en heeft geen kinderen. Toen hij honderd jaar werd kreeg hij een brief van de koning en de koningin met felicitaties. 'Ja, de koningin is gek met mij. Zij wilde zelfs met me trouwen maar daar begin ik niet meer aan', grapt de heer Logtenberg.

Glaasje advocaat

Na zijn pensionering heeft hij jarenlang vrijwilligerswerk gedaan voor het Groene Kruis. Dan bracht hij kwitanties rond. 'Op de fiets. Want ik heb veel gefietst.' Misschien heeft hij daardoor wel zo'n hoge leeftijd bereikt. 'Ik heb nooit gerookt, want roken is voor domme mensen. Mijn vader rookte wel. Zelfs op zijn sterfbed nog, maar toen smaakte het niet meer.' Hij heeft ook nooit alcohol gedronken, maar neemt wel iedere dag een glaasje advocaat.

Voor geen goud in het vliegtuig

De heer Logtenberg is nog nooit naar het buitenland geweest. 'Mij krijgen ze niet het vliegtuig in.' Aan computers of mobiele telefoons heeft hij geen behoefte. 'Ik ben een oude knapperd. Ik ben best tevreden. Of ik het leven over wil doen? Nou, nee, de vraag is of het dan beter is.' Hij heeft nog een tip voor de volgende generatie: 'Zet je rechterbeen voor het andere been. Dan kom je een heel eind. Maar, niet te hard lopen, anders kun je geen hazen vangen.'

Rechtop lopen en doorzetten!

Mevrouw Kroezen uit Bunnik is 101 jaar oud, maar is nog steeds heel actief. Haar motto in het leven? Rechtop lopen en doorzetten. Het leven is niet makkelijk vindt ze.

'Rechtop lopen', dat kan mevrouw Annie Kroezen-Boumans iedereen aanraden. Ze staat nog opvallend recht. Ik denk even dat het een dochter is, die de deur opendoet, maar het is mevrouw Kroezen zelf.

'Ik ben geboren in Nijmegen en een echt stadsmens. Ik heb in Den Haag, Amersfoort en in Bunnik gewoond. Ik had nog nooit van Bunnik gehoord, maar kwam hier terecht door mijn tweede man. Ik moest erg wennen aan het dorpsleven hier. Nog steeds.'

Veel verdriet

'Ik heb veel verdriet gekend in mijn leven. Veel gehuild in bed. Mijn eerste man heeft in de oorlog een ongeval gehad. Hij werd op zijn motor aangereden door de Duitsers en die hebben hem zo achtergelaten. Het gevolg was dat hij aan één oog blind werd. Hij heeft echter altijd gefietst en als ambtenaar gewerkt. Ook werkte hij als vrijwilliger voor de Bond voor Oorlogsslachtoffers, waarvoor hij onderscheiden is. Hij stierf vlak voor zijn 45ste verjaardag aan leukemie. Hij liet mij achter met vijf kinderen. Dat was heel erg zwaar.'

Nooit stilzitten

'Ik ben altijd erg flink en bezig geweest. Dat heb ik van mijn ouders geleerd; je moet nooit stilzitten. Mijn ouders hadden veertien kinderen en een slagerij en werkten hard. Het was altijd erg gezellig. We waren een muzikale familie. Twee zussen speelden prachtig quatre-mains. Ik heb ook altijd piano gespeeld en ben nog altijd dol op muziek. We speelden spelletjes, we haakten, breiden en zongen. Ik heb nog één zus, maar zij herkent me niet meer. Mijn oudste zus heeft me destijds geholpen met de bevallingen. Zij was verpleegkundige. Ik heb alleen de huishoudschool gedaan. Ik kon niet zo makkelijk leren.'

Overleden zoon

'Mijn oudste zoon en schoondochter doen de was. Zij nemen me aanstaande zondag mee. Dan gaan we pannenkoeken eten. Dat vind ik fijn. Met het koude weer kom ik namelijk verder niet buiten. Ik had drie zonen en twee dochters. Mijn jongste zoon is gestorven. Hij had die vreselijke ziekte, alvleesklierkanker. Kijk maar even naar zijn foto. En op de deur hangen nog meer foto's. Van mijn kleinkinderen en achterkleinkinderen. Ik kan ze niet meer uit elkaar houden en weet niet meer hoeveel het er zijn. Mijn oudste dochter heeft een fotoboekje gemaakt van de honderdplusdag van de VU. Zij heeft mij begeleid. Willeke Alberti trad op. Het was zo'n leuke dag. Ik pak het boekje even, dan kun je zien hoe gezellig het was.'

Zeg niet zo veel

'Ik doe aan alle activiteiten in het verzorgingshuis mee. Om tien uur drinken we samen koffie, we eten samen, er zijn filmavonden, er is op maandagmiddag een thee-uurtje, ik doe mee aan bingo en gymnastiek. Ik vind het saai als er een dag niets is. Schrijft u dit nu allemaal op? Echt gezellig vind ik het koffie-uurtje niet, hoor. Ik zeg niet zo veel. Ik ben meer een kijker. Bovendien kan ik niet iedereen even goed verstaan. Als ze plat Bunniks praten, dan versta ik het niet. En als ze over het boerenleven gaan praten, dan kan ik het ook niet volgen. Ik ben echt een stadsmens. Hoewel ik wel erg van natuurfilms houd.'

Dol op kinderen

'Gisteren of eergisteren was er bingo hier en er waren ook kinderen van de school bij. Dat vond ik erg leuk. Ik ben dol op kinderen. Zij maakten thee voor ons met een cakeje erbij. Naast me zat een jongen en ik liet hem met de bingo maar alles pakken. Dat vond hij prachtig. Ik hoop dat het nog een keertje is. Hoewel de kinderen tegenwoordig erg bijdehand zijn. Wat een speelgoed krijgen ze, zeg. Voor mijn vijf kinderen had ik één bouwdoos. Ze hebben hier in dit huis ook een robot. Iets van Dora of Mora. Een zorgrobot, noemen ze haar. O, Zora? Ja, dat klopt. Iedereen vindt dat leuk. Maar de halve tijd doet ze het niet.'

Wat een ellende

'Ik bid elke avond tot God en vraag om hulp. Ik voel me erg alleen. Maar daar loop ik niet zo mee te koop. Ik hou het voor mezelf. Je moet je eigen kruis dragen in het leven. Ik heb geen vaste vriendin. Maar ik ben wel aardig tegen iedereen en de mensen zijn ook aardig tegen mij. Ik puzzel veel en dat is een fijne afleiding als ik alleen ben. Ook lees ik tijdschriften, van die roddelbladen. Dan lees ik dat de een na de ander in scheiding ligt. Wat een ellende allemaal. Dat denk ik ook als ik de krant lees. Vroeger bleef je gewoon je man trouw. Ik heb mijn man tijdens dansles in Nijmegen leren kennen. Mijn tweede man is ook goed voor me geweest. Hij heeft me geleerd om rechtop te staan. Hij nam me veel mee op vakantie en we deden veel leuke dingen samen. Maar hij is ook overleden. Ik denk veel aan vroeger terug.'

Ik zeg niet zo veel. Ik ben meer een kijker. Bovendien kan ik niet iedereen even goed verstaan.

Rechtop lopen

'Mijn wilskracht is enorm. En ik heb een flinke dosis doorzettingsvermogen. Als je dat hebt en rechtop blijft lopen, dan word je honderd. Hoe zeg ik eigenlijk dat ik 101 ben plus een paar maanden? Ik word dit jaar 102? Dat is een goede. Zo ga ik het voortaan zeggen. Ik word dit jaar 102. Zo is het. Ik hoop dat ik rustig dood ga, zonder pijn. Nu heb ik wel genoeg verteld. Heb ik het goed gedaan?'

Het geheim van de eeuwige jeugd

Waarom worden sommige mensen heel oud en overlijden anderen al op jonge leeftijd? Deze vraag houdt ons al sinds mensenheugenis bezig, op zoek naar de bron van eeuwige jeugd. Ook vandaag de dag proberen wetenschappers over de hele wereld het geheim van veroudering te ontrafelen. Uit onderzoek weten we inmiddels dat je geboorteplek, je leefstijl en de genen die je van je ouders meekrijgt veel invloed hebben op de levensverwachting. Een kind dat opgroeit in een ontwikkelingsland met een gebrekkige gezondheidszorg en arme ouders, wordt gemiddeld minder oud dan een kind dat is geboren in een welvarend gezin in Nederland. We weten ook dat mensen die roken, veel eten en weinig bewegen gevoeliger zijn voor ziektes en een lagere levensverwachting hebben. Ook binnen Nederland zien we grote verschillen in hoe oud mensen worden, bijvoorbeeld tussen hoger en lager opgeleiden.

Natuurlijk kent iedereen wel een verhaal van een kettingroker die honderd is geworden, maar dat heeft waarschijnlijk een genetische oorzaak. Genen zijn de dragers van ons erfelijk materiaal en bepalen bijvoorbeeld de kleur van onze ogen, maar ook hoe gevoelig we zijn om bepaalde ziektes te krijgen. Wetenschappers schatten in dat ongeveer een derde van onze levensverwachting door onze genen wordt bepaald. Helaas kun je goede genen niet op recept bestellen; die heb je of die heb je niet. En dan heeft je leefstijl dus nog steeds effect. Want wie weet hoe oud die kettingroker was geworden als het hem was gelukt om jong met roken te stoppen?

De honderdjarigen die Yvonne Witter heeft gesproken, hebben vast en zeker goede genen. Zij zullen waarschijnlijk ook relatief weinig ziek zijn geweest en tot op hoge leeftijd redelijk fit zijn gebleven. Goede genen of niet, deze honderdjarigen hebben niet altijd een gemakkelijk leven gehad. Ze vertellen over armoede en over de oorlog, al dan niet in de overzeese gebieden. Sommigen hebben de dood letterlijk in de ogen gekeken. Naast een flinke dosis geluk speelde in deze moeilijke omstandigheden zeker ook hun doorzettingsvermogen een rol. De ouderen in deze bundel hebben hun eigen ideeën over het bereiken van deze zeer hoge leeftijd. Naast deze gouden recepten ervaar ik in hun verhalen ook een enorme veerkracht en nieuwsgierigheid die hen op de been houdt. Ook hebben ze er altijd schik in gehad om dingen met anderen te doen. We weten uit wetenschappelijk onderzoek dat dit bijdraagt aan het geluksgevoel van mensen, en dat is weer goed voor de levensverwachting. Doorzetten en blijven lachen, deze levensles neem ik graag ter harte.

Marieke van der Waal,
Directeur Leyden Academy on Vitality and Ageing

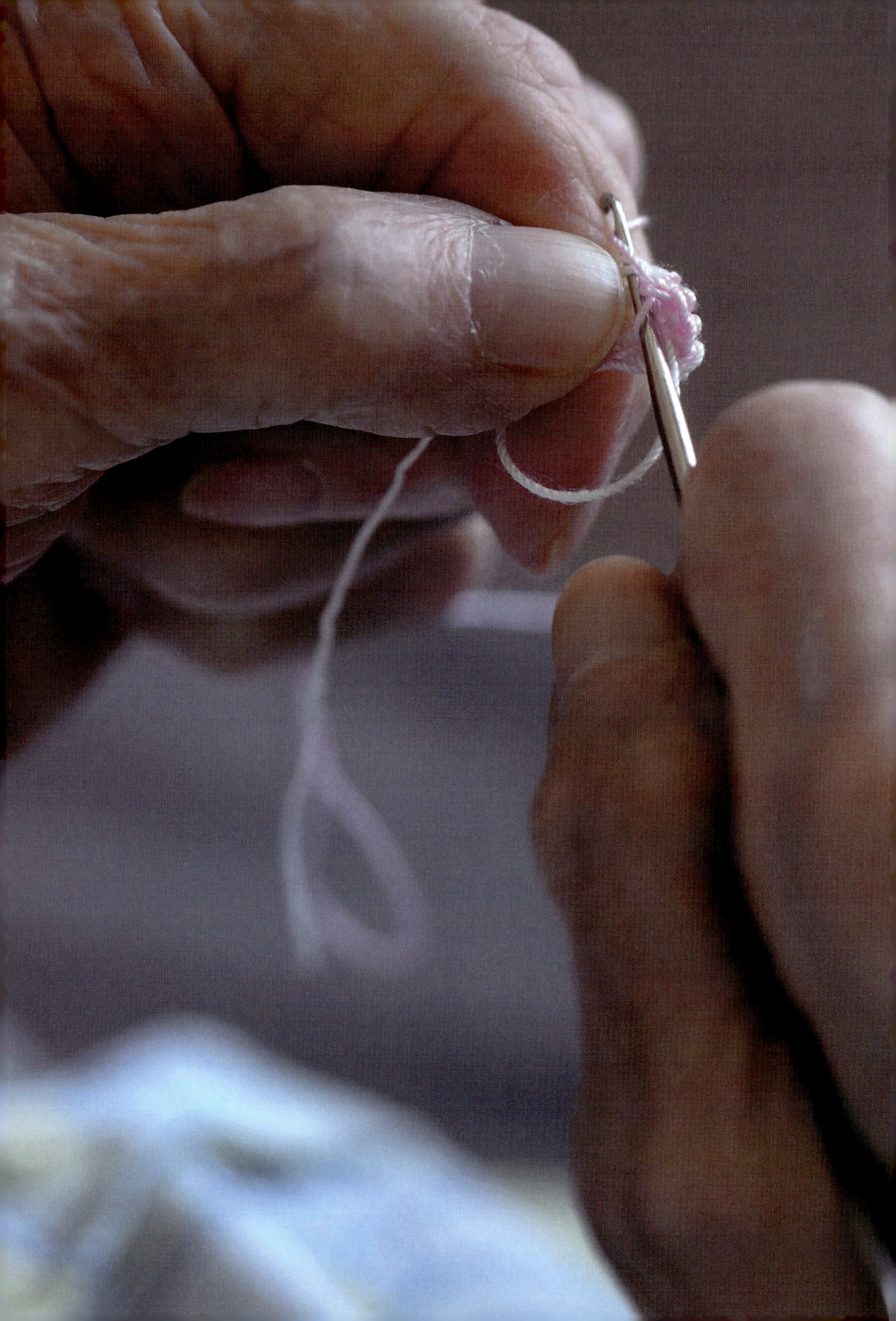

Ik heb altijd goeie zin

Mevrouw Fey (101 jaar) is een echte Limburgse. Ze heeft nog altijd goede zin in het leven, want ze is een echte levensgenieter.

'Sinds een paar maanden woon ik in een wooncomplex van zorgorganisatie Mosae zorggroep in Maastricht. Ik ben een echte Limburgse. Ik heb zestig jaar in het centrum gewoond, maar die woningen werden gesloopt. Toen moesten we naar een andere woning. Die werd gerenoveerd en was daarna te duur voor ons. Zo ben ik hier terechtgekomen.'

'Het was even wennen. Maar het appartement is ruim. Op donderdag ga ik hier beneden kienen. Verder haal ik iedere ochtend de krant op. Die krant spel ik van voor naar achter en weer terug. Ook kijk ik graag naar detectives.'

Mijn man

'Ik kook zelf, doe de was en ben eigenlijk altijd bezig. Ik ben gewend van niets iets te maken. Dat hoorde bij mijn generatie, hè. Mijn man en ik komen allebei uit een groot gezin. Dus dan was je gewend om te delen. Iedereen was altijd welkom bij ons. Ik heb mijn man leren kennen op de bruiloft van mijn zus. We hebben in het begin nog een tijdje bij zijn ouders ingewoond. Dat was gebruikelijk in die tijd.'

Miss Holland

'Mijn man Sjors heeft in de oorlog nog in een kamp in Duitsland gezeten. Hij heeft kunnen vluchten. Hij leeft al een jaar of tien niet meer. Sjors was een echte kegelaar. Hij ging altijd naar de kegelclub. Hij is zelfs koning geweest en keizer. Als je drie keer wint dan word je keizer. Mijn man maakte makkelijk contact en rolde van het een in het ander. Zo heeft hij een keer de Miss Holland verkiezingen georganiseerd. Ik mocht natuurlijk mee. Dat was bijzonder om mee te maken.'

Levensgenieter

'Ik ben een echte levensgenieter. We zaten vaak in de kroeg. Sherry drinken. En we deden mee aan de carnaval. Dan gingen we de optocht kijken. Dat hebben we tot ons tachtigste gedaan. Dat was altijd gezellig. Op nieuwjaarsdag kwam ook de hele familie langs. We hadden een goede band met de familie. We zorgden voor elkaar. Ik paste op de kinderen van broers en zussen. Ik heb zelf geen kinderen gehad. De een poetste bij de ander, zo ging dat. En nu nog komt er familie langs. Mijn neef Hans en zijn vrouw komen vaak en hun dochter heeft ook twee kleintjes. Dat vind ik genieten. Zonder hun geweldige hulp zou ik het niet redden.'

Goeie zin

'Nee, ik had niet gedacht dat ik zo oud zou worden. Hoe dat komt? Tja, ik heb van het leven genoten en altijd gewerkt. In winkels, zoals bij V&D op de kledingafdeling. Ja, ik vind het jammer dat de V&D nu weg is. Ik ben nooit ziek. Vroeger was ik een beetje dik, maar tegenwoordig niet meer. Ik heb niet zoveel trek meer. Ik ontbijt met een stukje peperkoek. Ik heb altijd goeie zin, ik denk positief en zie alles van de zonnige kant. Maar ik zou het ook niet erg vinden als het afgelopen is hoor.'

Ik ben altijd thuis

Mevrouw Henriette Heldring (105 jaar) heeft veel gevoel voor humor en is erg gastvrij.

'Mijn vader was Ernst Heldring. Hij werd de onderkoning van Amsterdam genoemd omdat hij veel deed voor de stad. U moet hem maar eens opzoeken. Hij was een zakenman en politicus. Hij was directeur van de KNSM. Ik ben erg trots op hem en ik was dol op hem. Welke krant leest u? Mijn broer Jérôme was columnist bij de NRC. U moet hem weleens tegengekomen zijn in die krant. Mijn moeder was Française. En pianiste. Een van mijn zoons heeft haar muzikale talent, hij was een bekende trombonist. Ik vind het een bijzonder instrument. Verder zijn we niet erg muzikaal.

Frans

Ik had vier broers en één zus. Mijn moeder is jong overleden, op haar 34ste door een auto-ongeluk. Ik was pas tien jaar. Dan valt er een stuk van je leven weg, hoor. Ik vond het ook heel erg voor mijn vader. Hij was vrij streng en zei dat ik iets moest gaan doen waarmee ik mijn eigen geld kon verdienen. Ik heb Frans gestudeerd en ben les gaan geven. Ik heb ook gewerkt als secretaresse van verschillende hoogleraren. Daarnaast vertaalde ik boeken uit het Frans en Engels. Op latere leeftijd ben ik schrijver van reisgidsen geworden, natuurlijk vooral over gebieden in Frankrijk. Mijn vader heeft zeker deze reislust en culturele belangstelling bij me aangewakkerd. Op mijn 23ste ben ik als zijn secretaresse met hem mee geweest op zakenreis naar het Verre Oosten.

Wrede oorlog

'Op die reis heb ik in Batavia mijn latere man ontmoet. Hij heeft ook in de scheepvaart gewerkt. We zijn in New York getrouwd, vlak voor de oorlog. Ik vond het geweldig in New York, maar we wilden naar huis toen de oorlog uitbrak. We wilden bij onze familie zijn. We hadden niet vermoed dat het zo'n wrede oorlog zou worden. We hebben vier kinderen gekregen. Ik heb zeven kleinkinderen en twee achterkleinkinderen. Ik ben gescheiden. Dat was in die tijd best uniek. Ik heb gewacht tot mijn vader overleed, want ik wilde niet dat hij zich zorgen maakte. Wist u dat mijn overgrootvader O.G. Heldring was? Hij was een Gelderse plattelandsdominee en heeft in Zetten en Hemmen allerlei instellingen opgericht.

'Ik ben een zelfstandig type. Ik heb zodra ik kon mijn rijbewijs gehaald. Vroeger heb ik gerookt, dat was 'in' toen ik jong was. Op een gegeven moment ben ik gestopt want ik vond het te duur. Ik kom uit een gezonde familie en denk dat ik daarom zo oud ben geworden. Over de toekomst maak ik me geen zorgen, hoor. Ik vind het reuze meevallen met de onhebbelijkheden van de mens. En ik denk niet dat er nog eens een oorlog komt. Jij wel? Ik vind Poetin wel gevaarlijk en wat er in Syrië gebeurt ook zorgelijk.

Spruitjes

'Ik heb een grote familie en krijg daardoor veel bezoek. Kijk, hier zie je een schaaltje met paaseitjes. Ik heb er een briefje bijgedaan: 'Heerlijke spruitjes'. Om de gever een beetje te plagen. Het lijken toch net spruitjes? Verder lees ik de krant en boeken. Ik doe niet zoveel mee aan de activiteiten hier. En ik ga ook nooit naar het koffie-uurtje. Dat is misschien niet zo aardig van me, maar ik heb er geen behoefte aan. Is dat niet saai, al die honderdjarigen interviewen? Hebben ze dan geen saai leven gehad? Ik vond het erg leuk dat je er was. Kom nog maar eens. Ik ben altijd thuis!'

Henriette Heldring is 7 mei 2018 overleden.

3

Blijf in beweging

Mevrouw Heideman (100 jaar) opent de deur als ik aanbel en loopt kwiek de huiskamer binnen om koffie te pakken. 'In beweging blijven, dát is belangrijk.'

Ik kan niet stilzitten. Als kind al was ik altijd bezig. Mijn ouders hadden een hotel en ik deed kleine klusjes. Zoals verse melk of vlees halen voor de gasten. In die tijd hadden we geen koelkast dus moest je alles vers halen. Kijk, hier op het schilderij zie je het hotel. Mooi, he? Dat heeft mijn zoon Rob geschilderd. Zijn opa kon ook zo goed schilderen. Ik ben ook creatief bezig geweest: tot mijn trouwen werkte ik bij een bedrijf en ik maakte daar autohoezen. Daar zat asbest in, dat zou tegenwoordig niet meer mogen.

Na mijn trouwen ben ik gestopt met werken zoals toen gebruikelijk was. Ik heb toen veel naaiwerk gedaan. Ik naaide alle kleding zelf. Trouwjurken, dansjurken, kleding voor de kinderen. Zelfs buurtbewoners vroegen of ik een knoop kon aanzetten. Ook heb ik knoopsgaten gemaakt. Ik heb nog even koffie geschonken in een bouwkeet en toilettasjes gemaakt.'

Op de vensterbank

'Ik was altijd bezig en ben dat eigenlijk nog steeds. Lezen doe ik niet meer omdat mijn ogen te slecht zijn. Erg jammer, want ik las altijd graag. Tja aan alles komt een einde. Maar gelukkig kan ik andere dingen nog wel. Ik kook zelf, poets het huis, kan met gemak de trappen op, lap de ramen zelf. De kinderen vinden het gevaarlijk dat ik op de vensterbank sta, maar het gaat prima. Ik ben maar één keer gevallen en dat was met de fiets. Op mijn 95ste. Daarna heb ik de fiets weggedaan. Jammer, want ik fietste graag. Je kunt hier prachtig fietsen. Dat hebben mijn man en ik veel gedaan. Mijn man heeft in een slagerij gewerkt. Hij is 91 jaar geworden. Ik mis hem nog steeds. We zijn 67 jaar getrouwd geweest. We zijn met de caravan veel op vakantie geweest. Daar denk ik nog vaak aan terug.'

Fijne buurt

'Vroeger was het veilig op straat. We deden de voordeur niet eens op slot. Nu zie je bijna geen kinderen meer op straat spelen. Het stadje was vroeger een stuk gemoedelijker. Er waren veel meer winkels en er waren meer mensen op straat. Als de winkels sluiten, zie je bijna niemand meer. Op vrijdagavond gingen we dansen. Dat was echt gezellig.

Toch woon ik hier erg prettig. Ik woon al zestig jaar in dit huis en vind de buurt fijn. Ik kan niet wachten om weer in de tuin te kunnen werken. Als er iets is, staan de buren voor elkaar klaar. Maar verder loop je de deur niet plat bij elkaar. Ik ben geen verenigingsmens, maar ik heb genoeg contacten, ook al zijn mijn vriendinnen allemaal overleden. Mijn jongste broer leeft nog wel. Mijn kinderen en kleinkinderen komen regelmatig langs.'

Niet in je stoel blijven zitten

'Als ik naar de televisie kijk en het journaal zie, denk ik wel: wat een wereld, zeg. Mensen zijn zo hebberig. Je moet leven naar je inkomen en niet kijken wat een ander heeft. Je hoeft niet iedere dag een stukje vlees te eten.
Wat ik de jeugd wil meegeven? Niet lui zijn, pak alles aan. Doe wat je moet doen en schuif niet alles voor je uit. En vooral: blijf in beweging. Ik heb over het algemeen een goed leven gehad en kijk er met veel plezier op terug. Je hebt allemaal wel eens een rotdag maar dan moet je gewoon aan de slag gaan en niet in je stoel blijven zitten.'

Wil je ook een bakkie?

Mevrouw Koornneef (100 jaar) brengt veel tijd door in haar woning. Daarom is het prettig dat de woning ruim is en geen drempels heeft.

'Zet jij even koffie? Twee schepjes graag. Dan eet ik intussen even mijn boterham. Ik woon hier sinds vijf jaar. Een comfortabele woning hebben is belangrijk. Zeker als je honderd bent, want ik kom niet heel veel buiten.

Op maandag komen vier medebewoners rummikuppen. Dat doen we dan hier in de keuken. Op donderdag ga ik naar de handwerkclub. Op vrijdag zing ik in een koor. Een koorlid komt me halen en brengt me weer thuis. Het is fijn dat mijn woning geen drempels heeft. Anders had ik hier niet kunnen blijven wonen, want ik zit sinds een jaar in een rolstoel. Ja, ik kan wel even staan hoor, maar niet te lang.
Ik krijg twee keer per dag hulp bij het aan- en uittrekken van de steunkousen. Verder doe ik alles zelf. Ik doe zelf boodschappen. Ik kook nog zelf. Hoewel ik een hekel heb aan schillen. Meestal kook ik eerst gewoon alles met schil en trek die er daarna af.'

Omringd door rook

'Mijn man is al veertig jaar geleden overleden. Hij rookte dag en nacht. Hij is op zijn 60ste overleden aan longkanker. Hij werkte eerst als bakker en later in een sigarenzaak, net als mijn vader. Ik ben dus omringd geweest door rook, maar ik heb zelf nooit gerookt. Ik vind het niet lekker. Ook drink ik geen alcohol. Ik heb vroeger wel sherry gedronken. Misschien ben ik wel zo oud geworden omdat ik niet rook en drink. Ik doe verder niets speciaals. Ik heb een hekel aan sport. Misschien zit het in de genen.
Mijn ouders zijn oud geworden. Mijn vader is 88 en mijn moeder is 98 geworden. Ik had één zus maar zij is op haar 21ste al overleden aan een ziekte. Dat was wel heel erg naar. Ik ben zelf erg gezond: ik kan goed horen en zien. Het enige is dat ik in 2002 een herseninfarct heb gehad. Ik was aan het schilderen toen mijn arm ineens neerviel. Ik heb maanden gerevalideerd. Sindsdien heb ik last van mijn been, maar verder voel ik me prima. Ik kan goed handwerken. Ik haak toiletrolhouders voor de Zonnebloem. Kijk maar, hij is bijna af. Zelf zou ik het nooit ophangen hoor.'

Zorgen om het klimaat

'Ik heb zelf twee kinderen, een zoon en een dochter, vijf kleinkinderen en elf achterkleinkinderen. Mijn dochter komt om de week langs. Mijn zoon woont hier in de buurt, maar hij overwintert maanden. Hij is net pas terug. We zijn van Rotterdam naar Wijchen verhuisd om dichter bij in ieder geval één van de kinderen te wonen.
Ik maak me wel zorgen om het klimaat. Ze zeggen dat er op een gegeven moment niet meer genoeg water is. Dat vind ik erg voor mijn achterkleinkinderen. Mijn tijd zal het wel duren. Verder vind ik het jammer dat kinderen weinig buiten spelen en op de fietsen met hun telefoon bezig zijn. Dat is gevaarlijk. Er is veel veranderd. Vroeger trouwde je als maagd. Maar ja, ze zoeken het maar uit. Wil je ook een bakkie?'

Je komt verder met een beetje humor

Mevrouw Schouwenburg-Den Hartog (100 jaar) maalt er niet om. 'Ik moet zelf ook altijd nadenken hoe oud ik eigenlijk ben.

Ik ben geen saaie piet. Ik hou van een geintje. Zo heb ik een vriendin die een vijver heeft met een kikker erin. We hebben het altijd over die kikker. Nu wil ik haar voor haar verjaardag even plagen door iets met een kikker erop cadeau te doen. Dat houdt het leven bruisend.'

Van Vlieland naar Scheveningen

'Ik ben op Vlieland geboren. Op mijn 18de ben ik naar Den Haag gegaan. Nou, eigenlijk was het Scheveningen. Daar zocht een vrouw een au pair voor haar dochtertje. Dat las ik in een advertentie in de krant. Ik ben dol op kinderen dus dat leek me wel wat. Ik heb een brief geschreven, maar niets aan mijn moeder verteld. Toen werd ik uitgenodigd. Mijn moeder was verrast, maar liet me gaan. Ik heb een mooi half jaar gehad en het meisje bloeide helemaal op. Daarna moest ze naar kostschool. Dat was wel jammer. Ik heb toen een reumapatiënt in Rotterdam verzorgd. In de oorlog hebben we twee keer moeten vluchten, onder andere naar Bilthoven. Via een vriend van de heer des huizes heb ik mijn man leren kennen. We zijn in 1949 getrouwd en verhuisd naar Scheveningen.'

Houten taart

'Mijn man is in 1988 aan longkanker overleden. Na zijn dood viel ik wel in een groot gat, hoor. En dat gat is niet te vullen. Weet je wat het is, je mist een schouder. Vrienden hebben me geholpen met bijvoorbeeld het invullen van girobiljetten. Ik wist echt niet hoe dat soort dingen moesten. We hebben geen kinderen. Ik heb een miskraam gehad, had een ontsteking aan mijn baarmoeder en ben geopereerd. Ik kon daarna geen kinderen meer krijgen. Ik heb in diverse winkels gewerkt, onder andere in een goudsmidwinkel. Niet dat ik er verstand van had, maar ik verkoop wel hoor. Ook heb ik in een gebakswinkel gestaan. Eén keer heb ik per ongeluk een houten taart uit de etalage verkocht aan een stijve man. Kwáád dat ie was! Ik heb er erg om moeten lachen.'

Soepel zijn

'Na het overlijden van mijn man ben ik teruggegaan naar Vlieland. Ik woon geweldig naar mijn zin in dit woonzorgcentrum. Het personeel is zeer hulpvaardig. Ik heb daarnaast een hulp die me overal mee helpt. Ik vind het ideaal. Weet je, je moet zelf ook soepel zijn en niet op alle slakken zout leggen. Ik heb contact met de bewoners op deze gang. We dragen allemaal ons steentje bij. Zo verzorg ik de logeerkamer. Ik houd bij wie er komt logeren en dat zijn er veel, want iedereen heeft familie aan de wal. Ieder heeft zo zijn of haar eigen taak.'

Eenzaam

'Ik vind zo oud worden niet plezierig. Je wordt wat eenzaam, want iedereen van je generatie is overleden. Je kornuiten sterven. Het lijkt ook wel alsof je niet meetelt. Maar de mensen zijn aardig tegen me en ik heb echt niets te klagen. Ik vermaak me met het lezen van tijdschriften. Ik lees in het Engels en Duits, want ik wil mijn talenkennis op peil houden. Ik ben gek op boeken van Harry Mulisch en Maarten 't Hart, maar kan daar met weinig mensen over praten.'

Prettige jeugd

'Mijn ouders waren gematigd streng en dat heeft me geen kwaad gedaan. Ik had fijne ouders en een prettige jeugd. Mijn grootvader was een grappenmaker. Hij kon de hele boel op stelten zetten. Je komt verder met een beetje humor. Mijn broer is in de oorlog in Indië omgekomen bij een bombardement. Daar heb ik veel verdriet van gehad. Als ik dood ga, dan wil ik gecremeerd worden. Mijn as mag op zee uitgestrooid worden. Door de reddingsmaatschappij. Want voor deze organisatie heb ik veel bewondering. En als mijn as uitgestrooid is in zee, dan hoop ik mijn broer tegen te komen.

Het licht blijft, wat er ook gebeurt

O dierbaar plekje grond
Waar eens mijn wieg op stond
Fort Nieuw Amsterdam
U die mij woning bood
Koesterde in uw schoot
Zij reeds en A'allen tijd
Mijn harte toegewijd

Nieuw Amsterdam – geen fort meer – de kanonnen liggen er nog ter herinnering aan de eerste wereldoorlog 1914 – 1918.

Hier worden twee grote rivieren gevoed; bij vloed stroomt het water uit de Atlantische Oceaan deze rivieren vol. Na 6 uren geven de rivieren bij eb terug aan de Atlantische Oceaan.
Hier zagen wij de grote passagiersboten binnenvaren uit de oceaan, naar rechts de stad Paramaribo in. Wij hebben genoten van het waterverkeer, speelden elke middag spelletjes bij de sluis die er fier bij de rivieren staat. En wij als gezin en mijn grootouders, woonden er vlakbij ca 2 minuten afstand, lopen naar de sluis.
Vroeg in de ochtend rees de zon met haar warme stralen en verwarmde al wat leeft.
Haar licht schijnt overall, en snel is alles in beweging.

's Morgens kwamen mijn grootouders en het gezin van hun enige dochter even samen. Om God te danken en te loven met woord en gezang. Daarna een eenvoudige maar smakelijk ontbijt; cacao, koffie en thee uit eigen tuin geoogst en verwerkt voor de consumptie .... HEERLIJK!! Ook veel vruchtenbomen, die volstonden. Dus fruit in overvloed.
Mijn grootouders hielden ook van dieren. Twee koeien, een geit, een hond, een kat en ook kippen. Ik herinner mij dat mijn oudere broer (ca 6 jaar oud) spelend te dicht bij de stier kwam. O wee, de stier pakte met zijn hoorn dat jongetje en smeet hem de lucht in.
Gelukkig was mijn grootpapa er snel om dat kind op te vangen.
In die tijd was er geen waterleiding. Het regenwater werd opgevangen in vaten voor de consumptie. Daarom hadden sommigen, waaronder wij, in de grote tuin een vijver. Dat water werd gebruikt voor de was, etc.

Ik, als peuter van twee, kwam eens in deze vijver terecht. Mijn moeder zwemmend had mij gered. Wij leefden vrij en blij, vele ouders lieten ons lekker vrij spelen en genieten. Daar maak ik blijkbaar gebruik van. Rijk aan bomen in de hele omgeving trokken vogels en papegaaien in koor rondvliegend. En ook aapjes want er was voor hun genoeg voedsel te krijgen. En de grappige diertjes hadden een extra plekje in mijn hartje. Zo'n kleintje als ik was, liep ik van huis weg stond met mijn handjes op de rug –vertelde mijn moeder – te genieten van de aapjes. Moeder begreep dat uithoudingsvermogen niet!

Ja, wij konden die vrijheid uitbuiten maar, het gevaar school om een hoekje.
Mijn zuster ging wandelend naar een tuin, tegenover ons woonhuis. Ons jongste broertje – nauwelijks een paar pasjes makend – zag haar gaan en wilde mee, liep of kroop achter haar aan. Mijn zus wist niet dat hij achter haar aan kwam, tot dat ze hem hoorde gillen. Ze ging snel terug en vond hem gillend op de grond, bedekt met bijen die onder de grond een met wied bedekt nest hadden. Zij greep hem terwijl zij ook gepakt werd door de bijen. Nou, dat was een drama.
Mijn moeder was druk met angels uittrekken uit gezicht, armen en benen. Grootmama was er gelukkig ook snel bij om te helpen. Dat was niet leuk. Na een stevige aanpak was de rust teruggekeerd.

Al met al hebben wij prachtige, onvergetelijke jaren beleefd. Jammer dat wij afscheid moesten nemen van deze plaats en grootouders. Maar voor verder onderwijs moesten wij verhuizen naar Paramaribo. Ik was net 7 jaar geworden en mijn broertje 4.
In Paramaribo begint een nieuw leven. Eerst kennismaken met je buren links en rechts. Wij waren zeer welkom. Dan inschrijven op een school etc.
Mijn vader en mijn oudere broer vertrokken naar China voor familiebezoek e.a. De zon schijnt helder, de hemel blauw met sneeuwwitte wolken prachtig!
Maar er komt een donkere wolk die het Licht verduisterd, vooral voor mijn moeder. Binnen twee jaren, niets meer gehoord van man en zoontje.
Haar moeder (van heimwee en verdriet denk ik)

overlijdt; haar vader dito acht maanden na zijn lieve vrouw – dus dubbel. Nu staat mijn moeder er alleen voor met haar jonge kinderen.
Het verdriet was onmetelijk, maar mijn moeder droeg haar vedriet zonder klagen want het Licht zou nooit verdwijnen. Zij bleef vertrouwen op het Licht tot haar laatste snik. Op een wonderlijke manier komen wij in kontakt met mijn broer, nu al getrouwd in China waar hij is opgevoed bij onze grootouders.

Na jaren keerde hij terug naar Suriname. Sprak niet anders dan Chinees. Maar voor ons, zijn zusters en nu ook volwassen broertje, niet vreemd. En wij hadden hem ontvangen alsof hij nooit was weggeweest.
Hij werd vertolkt door een Chinese vriend van ons. Nu weten wij precies waarom – na het vertrek met vader – geen bericht terug kregen. Kort na aankomst in China werd vader ziek. Geen dokter te bereiken, geen vervoer naar en van de dokter binnen bereik.
Vader overleed. Hij kon de Chinese taal niet om te vertellen wat ons woonadres in Suriname was. Met zijn gezin was hij in Suriname herenigd. Van het gezin van mijn ouders ben ik de laatst overlevende.

Het Licht blijft schijnen
En vertrouw dat het van moment tot moment
Mij blijft verwarmen
Ik leef gelukkig en blij met engelen
Van mensen op mijn levensweg
Elke nieuwe dag
Soli Deo Gloria

N.B.: Mijn werkterrein vanaf mijn 15e jaar is geweest:
Vanuit het Centrum voor Evangelisch Sociaal Cultureel Maatschappelijk werk bekend als de Stadszending Evangelische Broeder Gemeente

Mevrouw Fa Sie Oen schreef haar bijdrage zelf.

Column

Haastige spoed is zelden goed. Dat zei mijn oma altijd. Zij zou nu 102 jaar oud zijn, even oud als mevrouw T. die ik vandaag ga bezoeken. En mijn oma had gelijk. Ik mis de bus naar het verzorgingshuis waar mevrouw T. sinds enkele jaren woont. Dat komt omdat ik nog even twee werktelefoontjes deed en al bellend naar de verkeerde bushalte liep.

'Oh, nee, dat meen je niet', zeg ik hardop tegen het bordje met bustijden, waarop staat dat de volgende bus pas over een half uur gaat. 'Dit is toch de Randstad?' Een voorbijganger kijkt me vreemd aan. Ik heb een hekel aan te laat komen en zeker als ik een afspraak heb met mensen waarvan de tijd extra kostbaar is. Dan maar lopen.

Bus gemist

Snel loop ik in de richting van de gemiste bus. Al lopende probeer ik via Google Maps te kijken waar ik ben. Google laat weten dat het nog 23 minuten lopen is. Zo ver? Ik ga nog een versnelling hoger totdat ik even later precies de verkeerde kant op blijk te lopen. Google Maps wrijft het er meteen in. Plagerig vermeldt mijn scherm dat het nu nog 28 minuten lopen is naar het verzorgingshuis. Nu komt de stier in mij los. 'Oké, je denkt dat ik voor dat stukje 28 minuten nodig heb? Ik ga het sneller doen.'

Brede glimlach

Intussen zoek ik, buiten adem van het harde lopen, naar het telefoonnummer van de dochter van mevrouw T. om te melden dat ik wat later kom. Hijgend stap ik 25 minuten later het verzorgingshuis binnen, licht triomfantelijk dat ik toch drie minuten gewonnen heb. Ik stop ik mijn telefoon weg en zoek naar mevrouw T.
Mijn hart bonst in mijn keel. De koffieochtend is net afgelopen en ouderen lopen met of zonder rollator naar de lift. Ik voel mij erg bezwaard dat ik een half uur te laat ben. De receptioniste wijst haar aan. Ze zit rustig bij het raam, naast haar dochter die een paar keer per week bij haar komt. Haar brede glimlach maakt mijn hele dag onmiddellijk goed. De rust keert meteen terug in mij.

Haastige spoed

We schuifelen langzaam naar haar kamer. Stapje voor stapje. We gaan zitten en drinken thee. We hebben een prachtig gesprek. Ik bekijk wat fotoboeken en bewonder handwerkjes. Na twee uur neem ik afscheid van moeder en dochter. Ik loop op mijn gemak naar de bushalte, de goede halte dit keer, en wacht in alle rust op de bus. Het duurt nog 18 minuten voordat de bus komt. Ik haal mijn schouders op. Even overweeg ik te gaan lopen, maar mijn nette, oncomfortabele schoenen en een dreigende regenwolk doen mij anders besluiten. Ik leun tegen de paal met het bord met bustijden. Ik eet een appel. Ik kijk naar de wolken die langzaam voorbij drijven en overdenk het mooie gesprek. Zonder spoed. Want dat is toch zelden goed.

Yvonne Witter

Bevindingen

Bevindingen naar aanleiding van de gesprekken

Overleven

Als er één ding is dat ik bevestigd heb gezien in de gesprekken met 26 ouderen is het dat ze allemaal uniek en verschillend zijn. Zij delen natuurlijk wel het tijdperk waarin zij zijn opgegroeid en daardoor hebben zij zeker een aantal dingen gemeen. Zij behoren tot de zogenoemde vooroorlogse generatie (geboren tussen 1910 en 1930). Ze zijn gevormd door de crisis van de jaren dertig en hebben de Tweede Wereldoorlog bewust meegemaakt. Over het algemeen zijn mensen van deze generatie bescheiden, sober, spaarzaam en berustend. Mannen werkten, vrouwen stopten veelal met werken als zij trouwden, er was weinig geld, weinig vrije tijd en een grote rol voor de kerk. Dit is het algemene beeld. In de praktijk verschillen zij enorm van elkaar. Ik heb rijkere, armere, hoogopgeleide, laagopgeleide, gehuwde en ongehuwde ouderen met en zonder kinderen gesproken. Enkele overeenkomsten wil ik met u delen.

Nieuwsgierig

Het valt me op dat nagenoeg alle honderdplussers die ik heb gesproken nieuwsgierig zijn. Zij lezen de krant, kijken het journaal en actualiteitenprogramma's of laten zich op een andere manier informeren. Zij stelden mij ook vragen. Soms waren ze vergeten dat ik kwam, maar ik werd desondanks gastvrij ontvangen en moest uitgebreid vertellen wat ik kwam doen. Ook toonden ze grote interesse in mijn achtergrond, werk, woonplaats en gezin. Zij hebben vaak contacten met mensen buiten het woon(zorg)complex waar zij wonen, met mensen van verschillende leeftijden. Dat laatste is deels noodgedwongen omdat veel leeftijdgenoten overleden zijn. Maar een aantal van hen zei expliciet dat zij contacten met jongeren zinvol vonden. Zij gaven allen aan dat zij het belangrijk vinden volop in de maatschappij te staan en op de hoogte te blijven. 'Mijn kracht is mijn nieuwsgierigheid', zegt Elisabeth Fisher tijdens ons gesprek regelmatig.

'Ik heb al tien verschillende kaartclubjes gehad maar telkens overlijden mijn medespelers. Dat krijg je als je zo oud wordt.'

Eigen gang

Verder hebben de ouderen die ik gesproken heb met elkaar gemeen dat zij graag hun eigen gang gaan. Degenen die in een woon(zorg)complex voor senioren of serviceflat woonden, bezochten koffieochtenden. Maar lang niet allemaal. Een aantal van hen ging er bewust niet heen. 'Daar wordt alleen maar gezeurd en gemopperd', was een veelgehoorde reden. 'Ik ga liever mijn eigen gang' en 'Ik heb mijn eigen groepje, buiten het complex.' Zij lijken zich niet veel aan te trekken van wat anderen over hen zeggen. Familieleden zeiden vaak lachend dat hun honderdplusser 'gewoon erg eigenwijs' was.

Gezondheid

Het viel me op dat de honderdplussers niet of nauwelijks over gezondheidsklachten spraken. Ook al hadden sommige serieuze klachten en aandoeningen (gehad), zoals kanker, een beroerte, een hartinfarct. Het kwam bijna niet ter sprake. Dat het gehoor- en gezichtsvermogen merkbaar achteruit was gegaan noemden zij wel veelvuldig. Dat belemmert de communicatie. 'Ik zou wel nieuwe oren en ogen willen hebben', zei mevrouw Huyskens, en zij was niet de enige. Bijna niemand van de honderdplussers is bewust met gezond eten en drinken bezig geweest. Dat was alleen anders als zij door een bepaalde ziekte een dieet moesten volgen. 'Ik ben nooit bezig geweest met gezond blijven. Ik eet alles, doe niet aan diëten. Ik heb nooit gesport. Dat is niets voor mij', zegt mevrouw Dijkman. Mevrouw Fa Sie Oen benadrukt wel dat zij matig is met eten en drinken. Veel van de ouderen hebben kortere of langere tijd flink gerookt. Zij leerden roken van grootouders of vriendjes van school ('In die tijd stonden overal sigaretten op tafel'). De meesten zijn jaren geleden gestopt om verschillende redenen. Bewegen is voor sommige ouderen belangrijk. Mevrouw De Jong-Van Netten doet iedere ochtend gymnastiek in bed. Al jaren. Mevrouw Heideman loopt veel en vindt bewegen belangrijk. Een aantal was niet mobiel meer.

Netwerk

Bijna alle ouderen die ik heb gesproken hebben een netwerk om zich heen: familie, vrienden, kennissen. Geen van de ouderen had nog een partner. En dat ervaren zij als een gemis waar ze wel mee hebben leren leven. Sommige ouderen zeiden dat ze zonder de zorg van hun netwerk niet meer zouden leven, zoals mevrouw Fey. 'Zonder de geweldige hulp van mijn neef Hans en zijn vrouw zou ik het niet redden.' Ik was onder de indruk van de mantelzorgers die ik tegenkwam. De ouderen zijn erg blij met de hulp die zij krijgen en waarderen die enorm. De meeste ouderen wonen niet meer zelfstandig thuis maar in een woonzorgcomplex. Een enkeling geeft aan zich alleen te voelen. Door

'Ik heb zoveel meegemaakt. Ik vind daarom niets meer moeilijk. Doodgaan ook niet. Ik ben er niet bang voor, maar ik hoop wel dat het in één keer gebeurt.'

het wegvallen van familie en vrienden en de achteruitgang van mobiliteit, het gehoor en het zicht. Mevrouw Schouwenburg-Den Hartog: 'Ik vind oud worden niet zo plezierig. Je wordt wat eenzaam, want iedereen van je generatie is overleden. Je kornuiten sterven weg. Het lijkt ook wel alsof je niet meer meetelt.'

Geloof

Het geloof speelt bij sommige ouderen een grote rol. Anderen hebben het geloof gedurende hun leven verloren, niet zelden in de oorlog. 'De kracht van God heeft me in moeilijke tijden geholpen', zegt mevrouw Tersteege. De neef en nicht van de heer Logtenberg lezen dagelijks voor uit de bijbel. 'Het is zo fijn dat ze dat voor me doen', zegt de heer Logtenberg. Sommigen bidden tot God en vragen om hulp. Mevrouw Fa Sie Oen wist me te raken met haar verhalen over haar missiewerk in Suriname. 'Het leven kan zo mooi zijn, lieve schat, we moeten het samen doen. God is er altijd. Het licht blijft, wat er ook gebeurt.'

Ouder worden

Is het nu echt leuk om zo oud te zijn? Niet altijd en niet iedereen deelt deze mening. Sommige ouderen willen graag nóg ouder worden. Dat waren vooral de ouderen die veel sociale contacten hadden en actief waren. Anderen vonden het eigenlijk wel mooi geweest. Vooral de ouderen die er moeite mee hadden dat zoveel leeftijdgenoten en familie zijn weggevallen. 'Niemand is meer in je geïnteresseerd', zegt mevrouw Schouwenburg-Den Hartog. 'Op het laatst blijf je alleen over', zegt mevrouw Pennarts. Naast het verlies van contacten noemden de ouderen die ik heb gesproken de achteruitgang van de gezondheid en het toenemen van afhankelijkheid als een groot nadeel van het ouder worden. 'Mijn activiteiten zijn de laatste jaren flink ingekrompen, zegt de heer Van der Hoeven. 'Mijn hoofd wil meer dan mijn lijf aan kan'. Dat vind ik moeilijk te accepteren', zo verwoordt mevrouw

De Jong-Van Netten wat veel van de andere ouderen aangeven. 'Je moet veel inleveren als je zo oud bent.' Toch benoemt zij ook een voordeel aan het oud worden: 'Het fijne aan zo oud worden is dat ik me nergens druk om maak. ' Ook vinden sommigen het fijn om meer tijd te hebben, zoals de heer Baas. 'Voor lezen had ik eerder nooit de tijd.' Mevrouw Dijkman ontdekte dat zij van musea houdt: 'Ik word nog cultureel op mijn oude dag. "Wat ik het leukste vind aan zo oud worden is dat ik mijn kleinkinderen en achterkleinkinderen zie opgroeien', zegt mevrouw Pennarts die ook nog een achter-achterkleinkind heeft.

Veerkracht

Ik was erg onder de indruk van de veerkracht van deze eeuwelingen. Sommigen hebben erg nare gebeurtenissen meegemaakt, zoals het verliezen van dierbaren of traumatische oorlogservaringen. Zij zijn erin geslaagd om door te gaan. 'Toch moet je verder. Je kunt wel de hele dag blijven huilen maar dat geeft toch niks', zegt mevrouw Dijkman. 'Ik heb wel geleerd om me aan te passen', zegt mevrouw Tersteege. 'Ik probeer altijd de goede dingen op te zoeken die er ook nog zijn in het leven.' De heer Van der Knaap mist zijn overleden vrouw nog dagelijks. 'Op een gegeven moment accepteer je het verlies en probeer je het gezellig te maken. Ik heb zoveel moois om me heen.' Ook geeft hij aan dat je wel zelf initiatieven moet blijven nemen. Hetzelfde geldt voor mevrouw De Jong-Van Netten: 'Je moet zelf moeite doen om je niet af te sluiten.' Over het algemeen hebben de ouderen die ik heb gesproken een positieve instelling. De zonnige blik op het leven heeft bij vele ouderen wolken doen verdwijnen.

Het einde

Geen van de ouderen was bang om dood te gaan. 'Als het je tijd is, word je gehaald, of je nu jong bent of oud', zegt mevrouw Dijkman 'Ik denk positief en heb altijd goeie zin. Maar ik zou het ook niet erg vinden als het afgelopen is, hoor', aldus mevrouw Fey. Wel vreesden sommigen voor pijn of een

'Ik geloof in de hemel. Zo niet, dan zie we dan wel weer.'

lijdensweg. De meesten kijken over het algemeen erg tevreden terug. Net als de heer Berlee: 'Ik zou het zo weer doen.'

Niet meer bijzonder

Er komen meer ouderen en de levensverwachting blijft stijgen. Honderd jaar bereiken is straks niet meer zo bijzonder. En de toekomstige senioren die honderd worden verschillen ook weer van deze generatie honderdplussers. Ook zij zullen van elkaar verschillen. Ik hoop wel dat in de toekomst honderdjarigen meer het gevoel houden mee te tellen. Dat kunnen we met elkaar bereiken door het gesprek aan te gaan en nieuwsgierig te zijn naar eeuwelingen. Zij hebben veel te vertellen door hun lange levenservaring. Zij staan open om hun ervaringen en kennis te delen en willen zelf ook leren, van anderen, van jongeren. Interesse in elkaar houden. Daar draait het om.

Op naar een inclusieve samenleving

Ook kan bij de inrichting van de openbare ruimte meer rekening gehouden worden met eeuwelingen. Denk aan het plaatsen van voldoende bankjes, omdat de actieradius van veel hele oude mensen erg beperkt is. Maar ook is het belangrijk om schaduwrijke plekken en 'levensloopbestendige' routes te creëren. Gemeenten die zich hebben aangesloten bij het zogenoemde Age-Friendly Network van de

Wereldgezondheidsorganisatie en ernaar streven om leeftijdsvriendelijker te worden, zijn hier al mee bezig. Voldoende toegankelijk openbaar vervoer en gelegenheden voor 'toevallige' ontmoetingen' zijn onmisbaar. Wat betreft het wonen komen er steeds meer inclusieve variaties aan woonvormen, zoals kangoeroewoningen, mantelzorgwoningen, hofjes, Thuishuizen, gemeenschappelijk wonen, meergeneratiewonen. Veel ouderen hebben behoefte aan een bepaalde mate van veiligheid, gebor-

'Hallo, u komt speciaal voor mij, hoor ik? Wat leuk, zeg. Ik heb net gegeten hier. Het was lekker. Ik heb het hier erg goed en ze zorgen goed voor me. Mij hoor je niet klagen. Ik woon hier al sinds mijn tachtigste, geloof ik. Dus een flinke tijd.'

genheid en bescherming. Woonvormen die deze functie bieden zijn nodig. Bemoedigend is dat de samenleving steeds meer ínclusief wordt, wat inhoudt dat er plek is voor iedereen. Een uitdaging is om te zorgen voor voldoende personeel in de zorg, te zorgen voor ondersteuning van mantelzorgers, het aantrekken van vrijwilligers en oog te houden voor het leefplezier van ouderen. Aandacht geven doet wonderen. De heer Baas verwoordt het zo mooi: 'Stel je eens voor dat je op een bankje zit aan een meer. Je kijkt over het gladde meer uit. Dan komt er ineens een vogel die op dat gladgestreken, rimpelloze meer landt. Er ontstaan door de landing van de vogel allemaal golfjes. Zie je het voor je? Nou, zo werkt het ook als er iemand bij me op bezoek komt. Als ik alleen ben en in de kamer zit en dan komt er ineens iemand langs die "Ha, pa", zegt. Dan maakt degene die golfjes. Het hoeft maar kort te zijn. Maar er ontstaat dan wat.'

Tips & adviezen

Tips van ouderen voor de volgende generaties

- Heb mededogen
- Accepteer mensen zoals ze zijn
- Gewoon doorzetten als het moeilijk is
- Ga niet roken en drinken
- Pluk de dag
- Niet klagen, bezig zijn en drie radijsjes per dag eten
- Een magere jeugd is een geschenk voor het leven omdat je leert dat je zonder bezit kunt leven
- Zet je rechterbeen voor het andere been; dan kom je een heel eind
- Niet lui zijn
- Blijf in beweging
- Vergeef elkaar

Honderd worden? Vijf adviezen

1. Blijf nieuwsgierig
2. Wees eigenwijs
3. Zoek activiteiten
4. Houd je netwerk op orde
5. Heb humor

Leestips

- Steffie van Oord (2002). ***Eeuwelingen***. Amsterdam: Uitgeverij Contact.
- Hans van Hateren & Nanno Kleefstra (2015). 99+ *Geheim … of geluk?* (https://www.99plus.nl/). Zwolle: Uitgeverij Langerhans.
- Pieter van Dijk, Heleen Crul & Ger Tielen (2010). *De generatiecrisis, kenmerken en kansen.* Amsterdam: Uitgeverij SWP.
- Junko Takahashi (2017). *Zo word je 100. De Japanse manier om gelukkig en gezond oud te worden.* Amsterdam: Xander Uitgevers.
- Truus Groen (2007). *100 x 100. Honderd portretten van honderdjarigen.* Den Haag: Stichting Respect door Beeld.

Nawoord

Het begon als een spontane actie voor de Vastenactie. Het leek me al langere tijd interessant om ouderen van dezelfde generatie als mijn grootouders vragen te stellen, naar hun verhalen te luisteren en van hun ervaringen te leren. Toen ik een oproep zag van de Vastenactie voor de 40 Dagen Challenge wist ik dat het nu zinvol was om mee te doen en honderdplussers te gaan bezoeken. Temeer omdat dit jaar de Vastenactie geld inzamelt voor gezinnen in Mbala (Zambia) die getroffen zijn door een hiv-epidemie. Veel ouderen zorgen daar voor hun of andermans (klein)kinderen. Nadat ik mijn idee kenbaar had gemaakt om honderdplussers te bezoeken en hun verhalen op te schrijven, kreeg ik een telefoontje van campagneleider Johan Compier van de Vastenactie dat zij dit idee erg interessant vonden en me graag wilden volgen. Ik ben onmiddellijk aan de slag gegaan en ik vond heel snel ouderen van honderd jaar of ouder die mij graag wilden ontvangen. Gedurende de vastentijd, dus de periode tussen carnaval en Pasen 2018, voerde ik 26 gesprekken met ouderen van honderd jaar of ouder. En daar heb ik volop van genoten! Tot mijn grote vreugde vonden de ouderen het zelf ook heel fijn om zo te praten. Familieleden waardeerden de korte stukjes meer dan ik had verwacht. Het leverde erg leuke contacten met hen op, per mail of telefonisch.

De gesprekken met de ouderen waren heel erg divers. Maar stuk voor stuk intens, prachtig, waardevol en mooi. We hebben samen gelachen, er rolden soms tranen over de wangen van ouderen, familieleden en mezelf, we hebben foto's gekeken en vooral genoten van rust en aandacht. Alle gesprekken, alle raad en daad, zullen me bijblijven. Ze hebben een plekje in mijn hart gekregen, die eeuwelingen die zoveel hebben meegemaakt. Hun veerkracht, hun humor, hun relativeringsvermogen. Het was moeilijk om hun levens in slechts 500 woorden te vangen. Dat doet absoluut geen recht aan hun ervaringen en verhalen. Maar zij herkenden zich allemaal in de stukjes tekst. Bij sommigen ben ik zelfs twee keer langs geweest omdat zij mij zoveel te vertellen hadden. Ik heb het als een groot voorrecht ervaren. En ik bedank alle ouderen dat zij hun verhaal met mij wilden delen.

Ook was het buitengewoon prettig om te merken hoe behulpzaam en enthousiast mensen waren bij het vinden van de honderdplussers. Onder anderen: Sterre Rechtuijt VUMC, Marieke van der Waal, Niels Bartels en Daniëlle Swart van de Leyden Academy, Pascale van den Hoven, Judith Winnen van ActiZ, bestuurders en medewerkers van zorgorganisaties zoals Wim Martens van WZU Veluwe, Marieke Nijhuis en Lia van de Wal van Joriszorg, Corine Roos van Vivium Zorggroep, Wout Oldhoff van Vreedenhoff, Gerda Warrink van Paletgroep, Maud Lucassen van Mosae zorggroep. Maar ook Renate Tuijten van Pro-Cura, Elle van de Wall en Ferdau Dozeman van corporatie Talis, Thery Dirven van corporatie Woonpunt, Serge Langeslag van corporatie Wonen Limburg hebben mij erg goed geholpen met het vinden van honderdplussers, net als Marieke van de Ven, Diet Hensums, Melissa Hulleman, Mania Hoogendoorn en Wim Kroon. Mijn directe collega Daniëlle Harkes van het Aedes-Actiz Kenniscentrum Wonen-Zorg dacht, zoals altijd, actief met me mee. Dat is erg stimulerend!
Jarno Nillesen van Wiegerinck Architectuur en Stedenbouw motiveerde mij als een van de eersten om de verhalen te bundelen. Zo ook Kees Penninx van Bureau ActivAge die ook suggesties voor de titel deed. Toen steeds meer lezers van de verhalen erom vroegen, wist ik dat ik dat moest gaan doen. Ans Willemse-Van der Ploeg, Fred en Margriet May, Han en Lily Hartogs en Ineke de Kam hebben op verschillende manieren meegedacht. Wat fijn was dat! Alexander van de Kerkhof van PlusProducties heeft meegedacht met pr op de Vijftigplusbeurs en stond meteen voor me klaar. Tineke Fokkema van NIDI bracht mij in contact met historica Evelien Walhout met wie

een bijzonder contact is ontstaan; zij stimuleert mij om meer te doen met al het materiaal. Zo fijn dat dit spontaan begonnen project mij zoveel moois brengt! Zoals ook de tv-opname over dit project voor het programma Roderick Zoekt Licht. Ik dank Imre Krull en Patrick Don van respectievelijk ActiZ en Briteminds dat zij meteen hun medewerking verleenden toen ik vroeg of de verhalen op Ned7, een digitaal platform voor senioren, geplaatst konden worden. En Ingrid Doorten van de Raad Voor Volksgezondheid en Samenleving, Marcel van Heck van Atelier Rijksbouwmeester, Jan Brinkers

'Ga je dit nu allemaal opschrijven? Oh, je doet dit omdat je het leuk vindt? En voor de Vastenactie? Kind, wat prachtig. Wonen hier zoveel honderdjarigen dan? Oh, je gaat het hele land door? Bijzonder zeg, er zullen er niet zoveel zijn. Ik had ook niet gedacht dat ik honderd zou halen. Maar ze zorgen hier goed voor me. En mijn kinderen komen vaak langs. Ik heb ook kleinkinderen.'

van de KBO-PCOB dank ik voor hun medewerking bij de teksten voor de achterflap en verspreiding van de bundel. Ik dank Jan Latten, Marjan Berk en Marieke van der Waal voor hun mooie inhoudelijke bijdragen. Geweldig! Ook dank ik Lucia Lameiro García en Jenny Vreeswijk-Manusiwa van het NOOM, netwerk van organisaties van oudere migranten. Mijn man en twee dochters, zus en zwager en (schoon)ouders, vrienden en collega's hebben mijn avonturen met grote belangstelling gevolgd, waarvoor veel dank. Met het gezin zijn we zelfs een weekend naar Vlieland gegaan omdat daar een honderdjarige woont!

Na de eerste gesprekken bood topfotograaf Claudia Kamergorodski aan om mee te gaan. Wat fijn! Haar foto's zijn prachtig en zij weet door haar spontaniteit de harten van de ouderen te raken. Vormgeefster Yon Prüst, met wie ik al vaker boeken heb gemaakt, heeft aan een half woord genoeg en wilde meteen meedoen, ook al had ik in eerste instantie de financiering nog niet rond. De samenwerking met Ivo Spekman van Uitgeverij SWP die ik spontaan op een congres over zorgcoöperaties ontmoette en met wie het meteen klikte, was buitengewoon prettig.

Ik heb door deze actie zoveel leuke en fijne mensen ontmoet! In de zorgorganisaties waar ik kwam en altijd gastvrij ontvangen werd, maar ook op weg naar de gesprekken, in treinen of bussen.
Mijn grootouders zouden nu ruim honderd zijn geweest. Wat zou ik graag nog even met hen koffie drinken en een gesprek voeren. Gelukkig heb ik dat wel heel vaak gedaan toen zij nog leefden. Maar ik zou nu andere vragen stellen dan toen. Deze vragen heb ik nu aan andere honderdjarigen gesteld. Iedereen heeft verhalen te vertellen. Zeker ouderen met hun lange levenservaring. Daar naar mogen luisteren, in alle rust en met volle aandacht is een groot geschenk. Ik kan het iedereen aanraden, zeker professionals en vrijwilligers die in de wereld van wonen, zorg en welzijn werkzaam zijn. Omdat dit betekenis geeft aan het leven. En omdat het bijdraagt aan het bieden van liefdevolle zorg. Ik hoop dat de verhalen in de bundel, het voorwoord en de cijfers van Jan Latten, de columns van Marjan Berk en Marieke van der Waal de lezers mogen inspireren tijdens hun leven. Op naar de honderd!

Yvonne Witter

Deze publicatie kwam tot stand dankzij bijdragen van Leyden Academy, ActivAge, Stichting Steun bij Ziekte, particulieren en een anoniem fonds.

Een deel van de opbrengsten van deze publicatie is bestemd voor Stichting BVA. De Stichting Bisschoppelijke Vastenaktie Nederland is in 1961 opgericht in opdracht van de Nederlandse bisschoppen. De stichting ondersteunt mensen in ontwikkelingslanden die zich inspannen voor een rechtvaardiger, humaner en welvarender samenleving. Vastenactie is een campagne van Stichting BVA. In de periode voor Pasen (de weken tussen carnaval en Pasen) werven zij fondsen in Nederland om kleinschalige projecten in ontwikkelingslanden te steunen (www.vastenactie.nl).

Colofon

100% leven
Levenslessen van honderdplussers
Yvonne Witter

ISBN 978 90 8850 857 8
NUR 748

Fotografie
Claudia Kamergorodski

Vormgeving
Yon Prüst, Studyo-n

Uitgever
Ivo Spekman

Voor informatie over overige uitgaven van Uitgeverij SWP:
Postbus 12010, 1100 AA Amsterdam-Zuidoost
Telefoon: (020) 330 72 00
E-mail: contact@mailswp.com
Internet: www.swpbook.com